フィールド科学の入口

暮らしの伝承知を探る

野本寛一・赤坂憲雄 編

玉川大学出版部

暮らしの伝承知を探る

目次

I部●対談

無手勝流フィールドワーク

野本寛一×赤坂憲雄

わたしのフィールドワーク事始め——日本全国、一〇〇以上の峠を歩く

赤坂　このシリーズでは巻ごとにインタビューをおこないますが、必ずお聞きしたいことは〝事始め〟です。はじめてフィールドに出られたときの思い出や記憶などを、ぜひお聞かせください。ひよっこだった野本先生が、当初どんな体験をしたのか。いまはフィールドワークの達人のような存在ですが、きっと、現場で拒絶されたり、いじめられたり、挫折をくり返していたのではなかったか……。わたしにとってフィールドって、しんどいけど楽しい。ひき裂かれていますね。

野本　しんどいけど楽しいってのは、先生が『山野河海まんだら』に書いておられるじゃないですか。ぼくもそうですよ。同感です。

赤坂　「楽しい」っていう意味も、たくさんありますね。やっぱり、ドキドキワクワクとか、新しい発見があるとか。

野本　そう、発見です。

赤坂　たぶん、野本先生ほどフィールドワークを大事にされている民俗学者はいないと思いますが、最近の研究者は現場に出たがらなくなっているとも聞きます。

野本　発見とか感動はたくさんありますが、徐々に申しあげることにいたしましょう。わたしのフィールドワークは、一九六七年（昭和四二年）がはじめです。ある一冊の本

『山野河海まんだら』
『山野河海まんだら　東北から民俗誌を織る』筑摩書房、一九九九年

を読んで、それで動きはじめました。その本は、大場磐雄《おおばいわお》先生の著作『まつり　考古学から探る日本古代の祭』です。

赤坂　学生社から新装版（一九九六年）が出ていますね。

野本　その本を読むと、大場先生は、たとえば東山道《とうさんどう》の神坂《みさか》峠・雨境《あまざかい》峠などという大きい峠から祭祀遺物を発掘されているんです。磐座《いわくら》祭祀・峠神《とうげがみ》祭祀にかかわる有孔円板《ゆうこうえんばん》とか臼玉《うすだま》、剣形製品、土師器《はじき》製品などを発見している。防人《さきもり》が、それを峠神に捧げてから峠を越えていったとか、都《みやこ》からくだる者もそうしたとある。大場先生はまた、文献でも「周防《すは》にある　磐国山《いわくにやま》を　越えむ日は　手向《たむ》けよくせよ　荒しその道」という万葉集の四巻の歌などをあげて、峠越えの儀礼を立体的にあきらかにしています。そういうことからわたしは、現在まで生き続けている峠越えの儀礼があるのではないかと考え、地元をはじめとして全国の峠をおよそ一〇〇以上歩いてみたわけです。

赤坂　峠でしたか。

野本　峠です。はじめは、大場先生の「神道考古学」をヒントに、峠の神にたいする儀礼を探りました。そうしたなかで浮上してきたのが、「柴挿《しばさ》し」です。おもに照葉樹の枝を折って峠神や峠の地蔵の前に立ててからその峠を越えていくというしきたりが、現在ものこっていることがわかりました。これはすごいと感じて、信仰面を中心に調査してまいりました。峠を越えることを窓口にして、それも信仰から入って、次第に「環境と生業」「環境と生活」「交易」というふうに、関心が広がっていったわけです。「自分の足で歩き抜かなければ、峠は越えられない」という実地体験をしてきました。

赤坂　おいくつのときですか？

大場磐雄
一八九九―一九七五。東京生まれの考古学者。内務省神社局を経て、國學院大學教授。神道考古学を提唱した。『大場磐雄著作集』全八巻（雄山閣）など。

有孔円板
古墳時代の石製模造品のひとつ。径三～四センチほどの薄い滑石製の小円板に、一～二個の穴をうがったもの。

臼玉
臼型をした小型の飾り玉で、古墳時代には祭祀に用いられた。

野本　三〇歳のころからです。谷川健一《たにがわけんいち》先生も民俗学については晩学でしたが、わたしもそうで、晩学であることがハングリー精神を呼び起こしたわけです。それが、わたしのフィールドワークのひとつの特徴になっています。赤坂先生の場合もそうですから、共感いただけると思います。

自分の足で歩き抜く。汗をかきながら峠道を登っていって、頂《いただき》近くになると、向こう側から風が吹いてくる。峠に立つ。だれもいませんから素っ裸になって、風を受け、身体を風にさらします。

赤坂　素っ裸になるんですか？

野本　上半身だけ。汗をかきますから、そうします。

赤坂　南方熊楠《みなかたくまぐす》みたいですね。

野本　それから、地形図を読むことを覚えました。はじめは等高線が読めなかったんです。だから直線距離で「これは、だいたい何分ぐらいで行けるだろう」と考えて行くと、まるっきり時間がちがってしまいます。そういう失敗を重ねていくうちに、だんだん地形図が読めるようになってきました。

赤坂　使われる地形図は、五万分の一ですか？

野本　そうです。二万五〇〇〇分の一でもいいんですが、わたしは五万分の一を使います。理由は、周辺地域の環境条件を広く把握できるからです。それでいて、必要なこまかいことも入っているので、いまでもこれを使いますね。

次に、写真を撮ることを覚える。それから、全国を歩くと、どのぐらいの時間、費用、そして体力が必要なのかということがわかってきます。

谷川健一
一九二一―二〇一三。民俗学者。近畿大学教授・日本地名研究所所長などをつとめた。『谷川健一全集』全二四巻（冨山房インターナショナル）など。

南方熊楠
一八六七―一九四一。生物学者・民俗学者。米英に渡航して粘菌を研究。諸外国語・民俗学・考古学に精通。『南方熊楠全集』全一〇巻別巻二巻（平凡社）など。

これらを、次のテーマに入るときに、うまく活かすことができたと思います。

赤坂　おたずねしますが、「峠を歩く」って聞くと、ふつうの人たちは「ただ歩いている」だけのように誤解します。野本さんのような筋金入りの民俗学者が「歩く」というときの、実際の中身を知りたい。ぼくも、「被災地を歩いています」っていうと、ただ歩いているのかと思われる。不思議がられるんですよ。

野本　峠をくだると、民家がありますね。その民家の軒先に、何が干してあるのか……。たとえば野麦峠だったら、御嶽山《おんたけさん》のブランドで売られる薬草の原料とか、ヤマゴボウとか、いろんなものが干してあるわけです。

赤坂　最初は、何が干してあるのかわからないですよね。たずねるんですか？

野本　そう、たずねます。聞いてわかると、そこから病みつきになります。「ほかの峠はどうなっているんだろうか？」ということになりますね。そういうことの連続です。

たとえば、民俗学のひとつの分野に入る「民謡」を、わたしがどうして好きになったのかというと、宮崎県の椎葉村《しいばそん》から熊本県へ越える椎葉越という峠を越えたときの経験がかかわっています。一九七六年（昭和五一年）のことです。

五万分の一の地図にも、椎葉越は出ています。ところが地元では——椎葉の人は——「樅木《もみぎ》ダオ」っていうんです。先方のムラを指して、越えてそこに行く「タオ（撓）」だと。反対に、向こうの人は「那須ダオ」といいます。それを越えるために行きましたが、バスはもちろんない。

赤坂　ぼくは車で越えましたね。

野本　いつごろですか？　あの子守り唄を書かれたときですか、もっとまえですか？

椎葉村
宮崎県東臼杵《ひがしうすき》郡椎葉村。九州山地の中央にあり、柳田國男の『後狩詞記《のちのかりことばのき》』で知られる。

タオ
柳田國男は、「とうげ」は山の撓《たわ》んだ湾曲した部分を越えることから、「撓越《たわこ》え」が「とうげ」になったと考えた。タオは、そのタワの変化と考えられる。

赤坂　子守り唄のまえ、柳田国男論の取材のときだったような気がします。

野本　上椎葉という椎葉村の中心地の商店で「縦木へ越えたい」といったら、「あんたのうしろにいる和尚さんについていけ」といわれました。その和尚さんは、向山日添《むかいやまひぞえ》というところにある称専坊というお寺のご住職で、その人も車をもっていませんから、ムラの人の車に便乗してくわけです。はじめ、尾向小学校まで乗せていってもらいました。向山の人がナイターのライトでソフトボールをやっていましたので、終わるまで待って、そのあと向山日添まで乗せていってもらいました。

和尚さんのお父さんは、一九〇四年（明治三七年）生まれの椎葉教円というかたで、まだ健在でした。焼酎を飲んで、ごきげんになって……わたしが「民謡を聴かせてください」というと、「よしっ」といって『山戻り唄』という焼畑農作業のあとで家に帰るときにうたう唄をうたってくれたんです。お寺さんだから、喉がいい。

〽今日もそろそろ　もどろじゃないか　オバネサコザコ　日が暮るる

〽子どもガマ出せ　あの日が暮るりゃ　つれて帰るぞ　そろそろと

心にしみこみました。「いやぁー、峠を越えるってのは、こんなすごいこともあるんだ」と思いました。

そこに泊めていただいて、翌朝、もうひとつ奥のムラの――二軒だけの、小林というムラですが――椎葉裕一くんという子（当時、中学一年生）に、途中の木地小屋まで送ってもらいました。そこからは、椎葉浄信というわたしを向山日添までつれてきてくれた和尚さんが熊本県の檀家へお盆に棚経に行くときに草をなぎはらって通った跡をたどり

子守り唄
『子守り唄の誕生　五木の子守唄をめぐる精神史』講談社現代新書、一九九四年

柳田国男論
『柳田国男の読み方　もうひとつの民俗学は可能か』ちくま新書、一九九四年

棚経
精霊棚の前で僧が経を読むこと。

ました。わたしが峠越えをしたのは八月下旬でしたから、草がなぎはらわれている山道をたどることができたのです。民家に泊めてもらったり、一日じゅう歩いたりという経験を重ねました。

いま赤坂先生が根拠地のひとつにしている遠野に、仙人峠というところがありますね。『遠野／物語考』（ちくま学芸文庫、一九九八年）にも出ておりましたが、あそこも越えてみなければと思って、出かけました。田面木《たのもぎ》清左衛門というかた（明治二九年生まれ）に、「仙人峠のセンは人偏に山じゃないよ。人間の数の千人だよ。鉱山の落盤があって千人死んだため、あそこを越えるときには、ある供養をしなければならないんだ」という話を聞かせていただいた。「峠には、今年、熊が四回出てるんだ。だからおまえ、いまから越えるなら、ただじゃ越えられんぞ」という話になって、笛と爆竹をくれました。そういう、こまやかな人情にふれるわけです。

そういうことを重ねてまいりますうちに、同時進行で、静岡新聞社から『大井川　その風土と文化』という連載をするようにとの依頼があって、これは一九七七年（昭和五二年）の三月から六月まで、五八回やりました（一九七九年、静岡新聞社より刊行）。赤坂先生の『山野河海まんだら』は、山形新

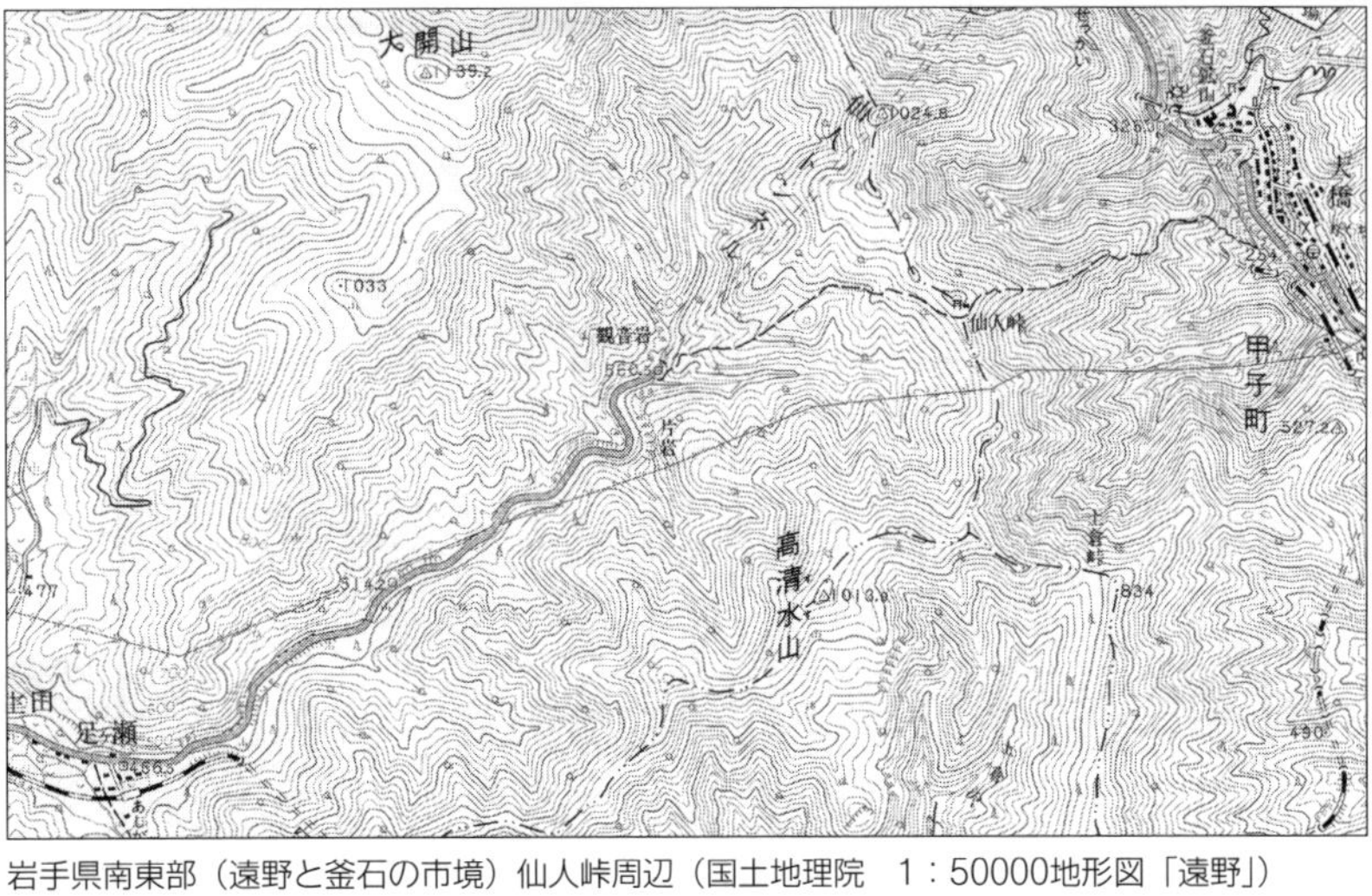

岩手県南東部（遠野と釜石の市境）仙人峠周辺（国土地理院　1：50000地形図「遠野」）

聞の連載でしたね。
赤坂　そうですね、はい。

歩くことによって課題を見つけ、テーマを発見する

野本　『山野河海まんだら』をもう一回読み直してみましたけれど、「連載だと内発的テーマがない」なんていうのはウソですね。赤坂先生は、独自の感性で〝季節感〟をすくいあげられていました。先生は、熱心に生業や職人に力を入れて聞きとりをしておられましたね。外部から依頼された仕事でも、内発的に太らせていくことは可能だと思います。わたしの場合、『大井川　その風土と文化』のなかで発見したものの第一は、「焼畑」なんです。あの大井川流域の奥地に、焼畑という農耕を中心にした生業の複合があったことを知りました。つまり、焼畑だけではなく、採集もやる、狩猟もやる、河川漁撈もやる。「生業複合」という、非常に重要な主題を発見しました。下流から上流まで、くまなく歩きましたから、標高差によって屋根の素材が異なることも発見しました。標高の高いほうから順に、いちばん奥はカラマツ、二番めがモミ、三番めがクリ、四番めがカヤ、五番めがムギワラで、六番めがイナワラ……というように。ここで、環境と民俗の深い結びつきを学びました。大井川流域を歩くことによって、焼畑を通じて「生業複合」、屋根を通じて「環境と民俗」という課題をあたえられました。
赤坂　「生業複合」論は、すでにそのころからかたちを成しはじめていたんですか？　ぼくは、それを前提にして山形の山村を歩きました。

野本　そのとおりです。当時、わたしは静岡県に住んでいました。静岡県出版文化会で児童生徒の母親を対象とした『母と生活』という月刊誌を出していて、その雑誌に一九七七年（昭和五二年）から一九七九年（昭和五四年）まで、二四回の連載をしました。「庶民列伝」という標題で、ライフヒストリーを連載したんです。

そこで、御前崎市に住んでいた一八九四年（明治二七年）生まれの高塚佐右衛門さんをとりあげました。男アマ（海士）でしたが畑作もやるというようなかたで、これこそ生業複合です。

男アマですから、牡蠣《かき》をとるわけです。「そこり」というのは、旧暦一五日の大潮のことです。一か月のなかで潮の引きかたがもっとも大きい日です。「そこり」の日は潮が引きますから、下手な男アマだろうが素人だろうが、みんな牡蠣をとることができます。旧暦の八日のことを「しょぐち（潮口）」といって、大潮にたいして小潮にあたります。この「しょぐち」のとき――つまり七日、八日あたり、とくに八日――は潮が引きませんから、ほとんどとれないわけです。名人の佐右衛門さんは、息も続くし体力があるので、彼だけは大量にとることができる。だから、「しょぐち」のときには、奥さんがおこなう牡蠣の行商は、御前崎のムラの近くですんでしまう。ところが、「そこり」の大潮・満月のときにはだれでも牡蠣がとれるので、一五キロほども離れたムラやマチへ売りに行かなければならない。太陰周期、月の満ち欠けという環境要素によって牡蠣の捕採量が変わり、それに連動して奥さんの行商の範囲もちがってくるということです。

静岡県出版文化会
副読本、雑誌など教育関係の出版物を刊行する団体。

静岡県御前崎市白羽《しろわ》・高塚佐右衛門さん（明治27年生まれ）撮影：野本寛一、1977年

これはすごい。「なぜ、民俗学は環境と民俗の関係に注目しなかったのか」と思いました。重要な課題です。これが、わたしのバネになってくるわけです。

赤坂　いわゆる**環境民俗学**もまた、野本先生とともにはじまりましたね。感慨深いものがあります。

野本　ライフヒストリーをやっておりましたときに、静岡県榛原《はいばら》郡**川根本町**《かわねほんちょう》で紙漉《す》きをやっている人にも会いました。その人がなぜ紙漉きをしたのかというと、お茶の**焙炉**《ほいろ》に貼る和紙を必要としたんですね。川根本町はお茶の生産地で、その人もお茶を大量に生産していました。ここで、お茶と紙漉きが連鎖するんです。そして、茶揉みの焙炉には炭がいります。一戸のイエ、ひとつのムラのなかで、じつに多様な生業要素が連鎖してくるんです。連鎖も複合も、民俗の有機性を理解するためには非常に重要です。環境と民俗の問題も、重要です。自分が歩きはじめた初期の段階でこのような大きいテーマに邂逅《かいこう》したことは、まことに幸いなことでした。

これらは、「起動力」「発条力」――いわゆるバネになるわけです（「モチベーション」ということばはあまり使いたくないです）。この力がフィールドワークの基本になり、そのうえにテーマがある。フィールドワークは、常にテーマと連動するものです。自分で興奮していないと動けませんから、フィールドワークの内発性は非常に重要です。

起動力を誘発するものは、「感動」です。非常に小さなことでもいい。その小さなことに感動する者でなければ、民俗学はできない。その感動が、次の行動を生み、二つ、三つと重なったときに仮説ができる。これが、発見、感動、仮説、実証というかたちになって、ずーっと続いてまいります。

環境民俗学
自然環境の構成要素とその総体に注目し、人と自然環境との多様なかかわりを民俗学的に探る。生活や生業を窓口として、即物的な関係にとどまることなく信仰心意的な側面にも目を配る。民俗研究方法のひとつとしての可能性は大きいが、まだ体系化されてはいない。

川根本町
旧・静岡県榛原郡本川根町と中川根町が合併して成った。大井川中・上流域の山地集落が散在する。

焙炉
手揉み製茶に用いる乾燥炉で、土に和紙を貼り重ねてつくる。

フィールドワークをやっていれば、赤坂先生の『東北学へ』を読んだときに、「あっ、ここで発見されたものが、こういうふうにみのっているな」ということを感じます。狩猟なんかも、先生は相当深く聞きとりされている。

赤坂　たいしたことないですよ。

野本　いや、しておられます。それも、いまのわたしの「起動力」と同じように、次々と感動が次の行動を生み……というように。

わたしは、質問されたことがありますよ。東北芸術工科大学のシンポジウムに参加したおりに、話題が熊狩りやマタギの儀礼におよんだとき、「はじめて熊を捕獲したものが熊の皮をかぶる儀礼について聞いたことがあるが、そういう例はあるのか」と質問されました。わたしは、その話を鶴岡市の田麦俣《たむぎまた》で聞いたことがあります。

感動した例をあげると長くなりますが、こういうかたちで次々とテーマが現れ、起動力・発条力によって仮説ができて、それが実証されていくのです。

『東北学へ』
1もうひとつの東北から
一九九六年
2聞き書き・最上に生きる
一九九六年
3東北ルネッサンス
一九九八年
いずれも、作品社

わたしのフィールドワークは訓練なしの無手勝流

赤坂　たしかにそうですね。話は前後しますが、野本先生がフィールドを歩きはじめたとき、マニュアルとか、お手本とか、フィールドワークのモデルはありましたか?

野本　ぜんぜんないんです。

赤坂　やはり、ぜんぜんなしですか。それを聞きたかった。

野本　なしです。赤坂先生も、なしなんですよね?

赤坂　ぼくは、歩きかたとか、人に何をどういうふうに聞くかとか、まったく訓練を受けていないです。いきなり飛びこんでいきました。ただ、『山野河海まんだら』のときには、真壁仁《まかべじん》さんの『手職』という本があって、それをたずさえて職人をずっとたどっています。

野本　そうですか。だから、職人からの聞きとりが多かったんですね。

赤坂　紙漉《す》きとか、そういう人たちです。それはやっぱり、念頭にありましたね。

野本　なるほど。箕《み》なんかもそうですね。

赤坂　箕もそうです。これにはすこしだけぼく自身の前史があって、フィールドを東北に移したときから箕づくりの村は訪ねるつもりでした。真壁さんの『手職』からは二〇年あまりの時間的なズレがあり、ぼくがお会いしたのはもうその人じゃなくて、たいてい子どもの世代でした。

野本　よくわかります。

赤坂　何がどういうふうに変わったかということもふくめて、あのときは『手職』という本が参考になりました。野本先生はないわけですね。

野本　ええ、わたしにはないですね。わたしは、大学で民俗学の訓練を受けているわけではなく、まったく無手勝流ですから。

赤坂　それでは、なぜ民俗学を志したのですか？　大場さんの『まつり』という本からですか？

野本　契機はそれです。わたしの育った家は農家ですから、土壌として民俗が生きていました。大学でも「民俗学」の講義をとっていましたから、「民俗」は重い問題であると

真壁仁
一九〇七—八四。農民詩人・思想家。山形市宮町《みやまち》生まれ。詩集に『青猪の歌』（青磁社）、『日本の湿った風土について』（昭森社）など。『みちのく山河行』（法政大学出版局）で毎日出版文化賞受賞。『手職』『手職　続　伝統のわざと美』『手職　続　現代のたくみたち』（いずれもやまがた散歩社）

承知しておりましたが、民俗学に没頭できる状態ではありませんでした。生活をしなければなりませんから。

専門分野という話ですと、たとえば民俗学も細分化されて、自分は信仰だ、あるいは自分は生業だ、自分は民俗芸能専門だというふうに専門化・特化され、大学の講義はそこを中心に展開する傾向が見られます。

わたしの場合は高校の国語の教員でしたから、漢文はやる、現代文はやる、古文はやる、文法も必要だ……。現代文には、西洋文学があり、日本の近代文学もある。それらをひととおりこなさなければならない。それに加えて、学級担任や校務分掌の仕事もあります。それはね、並大抵じゃありません。厳しい仕事です。大学の教員のほうがやりやすいともいえます。

わたしの長男は五〇歳になりましたが、彼が幼いころ、わたしが帰宅すると、親父と遊びたいからあとを追いかけてくるわけです。ところが、子どもと遊んでいたんでは明日の授業ができないんです。「向こうに行っとれ」といって、翌日の授業の準備をする。なんとか高校の授業ができるようになるのに、一〇年かかりました。

それから歩きはじめたんですが、高校教員として体験したことは、ひとつも無駄にはなっていません。全部、活きています。

赤坂　そういうことでしたか。壮絶ですね。以前は、高校の先生のなかにすぐれた民俗研究者がたくさんいらっしゃいましたが、いまはほとんどいないと思いますね。

野本　既成の民俗学の訓練を受けていないので、たとえば「環境」などに関心がもてたんだと思います。民俗学の概念のなかに、「環境民俗学」はなかったですよ。平気で入っていけたのは、こわいもの知らずだからなんです。いろんな人に「おまえの環境はおかしい」といわれてきましたが、あまり気にせずに続けてきました。民俗学があつかう環境は、厳正な自然科学的な対象認識にはおよびませんが、常に人の暮らしや生業からの視点を重視しています。対象・現象にかかわる信仰や呪術・伝説にも目を配りますので、おのずから独自な分野が開けてくると思います。

先ほどの続きになりますが、自分のなかで起動力が継続していった対象に、サクラマスがありました。一九八五年（昭和六〇年）に、熊狩りについて勉強したいと思って岐阜県清見村《きよみむら》（現在は、高山市清見町）へ入りました。富山湾から一一〇キロほど飛騨側に入った、太平洋側との分水嶺に近いムラです。

三ツ谷という集落の大屋隆三さん（明治四三年生まれ）というかたにお会いしたところ、「われわれは、マスを棒でたたいてとった」と聞かされました。マスがこんなところまで溯上してくるのかと、ほんとうに驚きました。そのとき、わたしは「マスは山の恵みである」という認識を新たにして、これをこの地だけのことにしてはいけないと思いました。日本海側のおもな川を、岐阜県から東北地方にかけて全部歩かなければならないと思って歩きましたね。その結果は、**『山地母源論2』**として、二〇〇九年にまとめました。

しかし、サケ・マスの調査結果はまだ半分ぐらいしか発表していないんです。たとえば、福島県の只見川水系で奥只見湖に流れこむ大津岐川《おおつまた》のマス止《どめ》の滝は、標高一

『山地母源論2』
『山地母源論2　マスの溯上を追って』岩田書院、二〇〇九年

静岡県島田市鍋島、杭田んぼを問う（撮影：八木洋行氏、1976年）

二〇〇メートルの位置にあって、そこまでサクラマスが溯上します。待っていれば、大きい魚がさかのぼってくるわけです。それをふくめて、狩猟とか採集とか畑作農業とかを複合させて食べていけたわけです。すごい世界だと感動します。

ところが、いま、山奥ではどこにもダムがつくられ、川や渓流が分断されてしまいました。マスがさかのぼらなくなってしまったんです。このことを、日本の社会は忘れているのです。わたしがマスの本を出しても、ほとんど読まれていないと思います。ただ、ダムは昨年（二〇一一年）からの電力問題（原子力発電所事故）で見直されるでしょうが、マスは見直されません。日本人が継承してきた古いかたちの生きかたを、見つめ直さなければならない時期にきていると思います。こういうふうに、テーマと起動力はどんどんつながって、今日まできております。

先ほど赤坂先生は、真壁仁さんの本と二〇年のへだたりがあるといわれましたが、それを埋めていく作業が、フィールドワークにおけるひとつの大きな課題です。ようするに、「変容」ということをつぶさに眺め、話を聞いていくことによって、日本の社会のありようとか、何を得て何を失ったのかとか、それが明確になってくるということですね、先生のおっしゃることは。

赤坂　野本先生は日本全国を歩かれていますが、ぼくは、山形を中心に東北をフィールドとしてすこしだけ歩いたわけです。しかし、自分が歩いているところには、気がつくとほとんど野本先生の靴跡があって、幾度となく茫然とさせられましたね。当然ですけど、山形県内でも、自分が訪ねたことのない村をたくさん歩かれていて、その途方のなさにがっくり気が抜けてしまうような瞬間がありました。

むろん、『手職』という先行する著作はありましたが、もうすこし正確にいうと、それを読んで追いかけていたわけではなくて、歩いていると、『手職』のなかの真壁さんが出会った人たちに交差する瞬間があったり、野本先生のお仕事が不意によみがえったりということでした。「フィールドを歩きながら読み直す」ということをくり返していたわけです。

野本先生は、明治生まれの語り部と、最初のころのフィールドでずいぶんおつきあいされていますね。ぼくは、そのことがすごく大きい気がしています。

野本　ええ。先生があとがきで書いておられるのを読みましたよ。

継続的にひとつの村へ入ることは重要な意味をもつ

赤坂　ぼくは、明治生まれのかたにはほんのわずかしか出会えなかった。大正・昭和となると、語り部の質があきらかに変わってきている。昭和の語り部の場合には、「そういえば、じいさまがこんなことをやってた」といった間接的な語りが多くなってくる。小さいひとつの村に入って、トータルな暮らしが聞き書きできるわけではありません。生業と環境、村の背後に広がる里山のような環境と有機的につながるような暮らしがほとんど解体されてしまった状況のなかを、ぼくは歩いていた。かろうじて、そのうしろ姿を追いかけていたような気がしています。野本先生が歩かれた一九七〇年代の後半は、まだ明治の語り部たちをとおしてトータルな村を体験できた、あるいは、村にふれることができたのでしょうか。そういう思い、うらやましい気持ちが、やっぱりのこります。

あとを追いかけてきたわれわれは、一九八〇年代から九〇年代――ぼくは九〇年代中心でしたが――にかけて、聞き書きをしてきました。しかし、そこで聞いたり確認したりしたことはとても断片的で、「これが最後の聞き書きになるんだろうな」と思うことがよくありました。ぼくの教え子たちはそのさらにあとです。つまり、無手勝流でどこでもいいから入っていくという方法は、とてもむずかしい時代に入ってきていると感じるんです。

野本　おっしゃるとおりです。

赤坂　そこのところは、きちんとさせておかないといけない。若い人たちは、無手勝流で入っても、カスッてしまってたどりつけない。むしろ、野本先生が一九七〇年代にすすめられた膨大なフィールドワークの資料を、はやくわれわれが手にとりやすいかたちにしていただき、それをあと追いするようなスタイルこそやるべきことだと、ぼくはどこかで思っています。

野本　ほんとうに幸いなことです、わたしがめぐり会った語り手のかたのなかに、明治一九年（一八八六年）生まれのかたが何人かいました。

そのうちのひとり、大井川流域の川根本町というところの長島ダムに沈んだ集落に住むかたから、「一人前の女というのは、家族が一年のうちに着る上下を、タフ（藤布）で全部つくらなきゃいけないんだ」という話を聞きました。藤蔓《ふじつる》から繊維をとり、紡《つむ》いで糸にする。その糸で機織《はた》りをして、布が織れると、それで衣服を縫うんです。

天竜川流域で、静岡県と長野県の境の**水窪町**《みさくぼちょう》（静岡県浜松市天竜区）というところに住む竹下ためさんというかたも、同じことをおっしゃいました。このかたも、明治一九年

水窪町
長野県の遠山谷（飯田市南信濃）と境を接する、遠州最北端の地。

生まれです。

ということは、藤の繊維による衣類づくりは、むかしは常時おこなわれていたわけです。フジの蔓を切るのは秋の収穫が終わってからで、フジ蔓の表の粗皮と芯のあいだの繊維を使い、糸を紡ぎ、機を織ってそれを染め屋に出す。そういう話が聞けて、すごいことだと思いました。明治の人は、そういう生活をしておられたわけです。

赤坂先生がご指摘されたように、伝承力の衰退、伝承基盤の変容が顕著ですので、「継続的にひとつのムラへ入る」ということが非常に重い意味をもつことがわかってまいりました。たとえば、浜松市に合併された先ほどの水窪町では、一九六九年（昭和四四年）に水窪ダムができて、多くの民家が湖底に沈みました。それを契機に、高度経済成長に呼応した昭和四〇年代後半から五〇年代にかけて、離村が続きました。旧・水窪町有本というムラは、戸数が、昭和五〇年に一八戸、五五年に一二戸、六〇年に七戸、平成二年に〇となって消滅しました。こういうムラがいくらでもあるわけです。

わたしは、有本に住んでいた一九〇四年（明治三七年）生まれの守屋金次郎さんから、トチの実の話を聞きました。「寄合栃山」という共同の山が六反歩（一反歩＝約九九一・七四平方メートル）ほどあり、トチの巨木が六本あったと――。九月二〇日前後に山の口開け（採取解禁日）を決めて、いっせいにトチの実をひろって平等にわけたということでした。これがずっと、わたしの心のなかにのこっていたんです。「共同の山でトチの実をひろうとは、原始共産制みたいな感じだ」と思いながら歩いていましたね。

去年、水窪町に入って、以前に訪ねたかたがたの息子の世代で、一九三五年（昭和一〇年）生まれの望月満彦さんからトチの話を聞きました。すると、「トチは一反歩に一本がいいんだ」というんです。以前、守屋さんから聞いた「六反歩に六本」という話と、みごとに一致するわけです。

何を根拠に「一反歩に一本」という基準が生まれたのかということが気になりました。水窪に伝えられている「栃を伐る馬鹿、植える馬鹿」という諺にヒントがあると思いました。前段は「食料の源を伐るのは愚かな者だ」という意味でよくわかりますが、あとに続く「植える馬鹿」の意味がむずかしいんです。

これは、「植えればすぐに大量に実がなると考えるのは、愚かだ」という意味です。トチの実が大量にとれるようになるまでには、人間の世代でいうと三代かかるというんです。人びとは、トチの山に介入してきたわけです。一反歩に一本にしてトチの木の枝張りを最大限にし、その生命力をまっとうさせて多くのトチの実に恵まれるようにという、共生の原理にもとづいているんです。そのために、間引きもしてきたわけです。それが、昨年わかりました。ひとつのムラに重ねて入ることの重要さを知らされました。

赤坂　なるほど、トチは一反歩に一本ですか。

野本　長野県の天龍村では、「栃坪《とちつぼ》」ということばを聞きました。トチの木一本の枝張りを単位として栃坪といい、トチの生えている土地を売買するわけです。もちろん、トチの木が必要なわけで、それがおよそ一反歩であることとつながってきます。

赤坂　「栃坪」は土地の単位だったわけですか。栃のつく地名は多いですが、そうして長年にわたって守られてきたから、地名としても永続性があったんですね。

野本　それが、**千葉徳爾《ちばとくじ》**先生の『地域と伝承』（大明堂、一九七〇年）という本の内容とつながります。

千葉徳爾
一九一六―二〇〇一。地理学者・民俗学者。柳田國男主催の民俗学研究所所員、信州大学・愛知大学・筑波大学・明治大学の各教授を歴任。『はげ山の研究　増補改訂』（そしえて）、『狩猟伝承研究』正・続・後・総括・補遺・再考各篇（風間書房）

岐阜県の神通川《じんづうがわ》流域に、「スエキドチ」という木があります。千葉先生は説明していないけれど、「この木は伐ってはいけない。山に据えておくトチだ」という意味だと思います。その「スエキドチ」を、娘の持参金のかわりにする。すると、そこだけ、公図でもち主がちがうわけです。そういう相関関係というかつながりが、全部わかってくる。これまで何年も水窪に入ってきたにもかかわらず、昨年入ってようやくわかったことがある。やっぱり、フィールドワークを重ねなければいけないということです。

赤坂　だけどそれは、数十年前のその聞き書きがあったから活きてくるわけですね。

野本　そうです。先ほど先生がおっしゃってくださって過分ですが、わたしなどの書いたものを、あるいは赤坂先生の本、宮本常一《みやもとつねいち》先生の本、柳田國男先生の本を読めば書いてありますので、そのあとをどうつなげていくか……。フィールドからつなげていかないと、わかることもわからないままで、発展しませんよ。

赤坂　ぼく自身の聞き書きのなかでも、おばあちゃんたちが結婚するときにトチの木を嫁入りの持参金としてもらったという話を聞いたことがあります。

野本　山形ですか、それはすごい。

赤坂　ところが、いまわかったのは、トチの木だけではなくて、トチの木の「栃坪」をもっていくということだったんですね。それで、すごくいろんなことが見えてきた気がしています。

野本　そうです。そういうふうに、わたしは昨年教えていただいて、パッパッとひらめき、開けてきたわけです。

赤坂　フィールドに入ってただちにまとまったかたちでの伝承を聞き書きすることは、と

宮本常一
一九〇七―八一。フィールドワークに徹した民俗学者。アチック・ミューゼアムの所員として全国を歩き、のちに武蔵野美術大学教授をつとめた。日本観光文化研究所、日本民具学会設立などにより、後進の指導にも成果をあげた。『私の日本地図』全一五巻、『日本民衆史』全七巻、『宮本常一著作集』(いずれも未來社)の刊行が続いている。

てもむずかしくなってきています。野本先生の教え子の川合正裕くんが、農神《のうがみ》と畑の神様を追いかけていますが、ぼくは彼に、市町村史とか先行する民俗誌の類を徹底して集めて、「そこに出てくるものを追いかけろ」といいました。とりわけ、いまの若い世代の民俗学をやる人たちには、それが不可欠の方法になってきていると感じています。

野本　おっしゃるとおりです。

赤坂　彼は、東北を中心として多くのフィールドを歩いていますが、フィールドワークと、先行した研究調査の資料を重ねあわせることによって、いろんなものが見えてきています。今後はこういう方向にいかざるをえないと、ぼくは感じています。

野本　まったくそのとおりだと思います。先行の調査研究をもとにしてのフィールドワークをやらない人が増えています。

民俗誌
民俗学研究のために、日本国内の一定地域をフィールドとして、民俗を構成する諸要素について聞きとりや観察を重ね、その結果を総合的にまとめた記録。

他者の手法・知識によって総合的に理解できる長所

野本　さて、ここで、個人の調査ではなくて集団調査、共同調査の問題点について、感じていることを話したいと思います。

赤坂　ああ、気になっていたことです。

野本　自治体史の民俗編の調査――高度経済成長期、とりわけ昭和五〇年代に大量に増えました――がいちばん多いわけですが、ゼミ合宿の報告書などもそうです。共同でおこなう調査です。

自治体史の場合は、事務局で住宅地図、インフォーマント一覧、参考文献などを用意してくれ、さらに調査の趣旨・期間などを、調査対象となるそれぞれのお宅に連絡してくれています。場合によっては、移動手段も用意してくれるし、加えて、日当とか原稿料も支払われることになる。ようするに、おんぶに抱っこで調査をすることができたんです。ある大学院生は、この時期に五つも六つも自治体史の調査をかけもちするということがありました。ですが、この世代のかたがたはまことに不幸なことで、ハングリー精神がなくなってしまうんです。こういう人は、お膳立てがないと歩きません。もちろん、そんななかからもすぐれた人は出てきますが、文献だけで民俗学をおこなう人がかなり多い。

いま赤坂先生がいわれたように、たしかに伝承基盤が変容し、伝承力が衰退しております。したがって、「先行研究・先行文献を博捜し、自分なりに勉強したうえでフィールドに出る」という指導は的を射たもので、それ以外にいい方法はないと思います。そうしないと、発展しないと思います。

赤坂　川合くんは、会津に移り住んでからもそのテーマをずっと抱えているので、すでに先行研究のレヴェルは踏み越えていますね。その土地に暮らすことによって、確実に聞き書きの内容そのものが深まっていますので、とても楽しみにしています。

野本　そうでしょう。そうだと思います。

赤坂　自治体史の民俗編はたくさんあるけれど、どれもこれも、似たり寄ったりですね。ごくまれに、「これはおもしろいな」っていうものに出会います。

野本　すぐれた貴重な資料性をもつものは、けっこうあると思いますよ。

合宿調査の討論（長野県飯田市下栗、柳田國男記念伊那民俗研究所の共同調査）撮影：板井弘人氏、2007年

赤坂　そう、ありますね。

野本　わたしは、それ（自治体史）をけっして軽く見ているわけではありません。自分もたくさんやってきましたから、どれほどの時間と労力が費やされているのか、よくわかっています。そういうなかからも、自分がやらなければならないテーマはいくつもあたえられますし、自治体史を通じて学ぶという点も多々ありますよ。あたえられた仕事に誠実に取り組むことだと思います。

「宮本常一先生は、ムラへ入るとまずいちばん高いところに行った」という話が伝説になっていますが、もっともなことです。静岡県史・民俗篇で共同調査を二〇か所ぐらいおこないましたが、そのいちばんはじめのときに、宮田登先生や福田アジオ先生を中心としたメンバーによる共同調査で、函南町《かんなみちょう》（静岡県田方郡《たがた》）の桑原というムラに入り、そこで二日間の予備調査をしたことがありました。そのとき、わたしは、福田アジオ先生が一日じゅうムラのなかを歩いている姿を見て、非常に感心しました。八月の暑い日でした。赤坂先生もよくかぶられる帽子をかぶって（笑）、福田さんは村落の景観観察をしていたわけですね。このように、共同研究のなかでは、それぞれのかたの方法を勉強することができます。

それから、総合調査ですから、自分が分担した分野以外の資料で、このムラはどういうムラかということを総合的に理解できるという長所があります。だから、このような機会は非常に重要で、大学の民俗学のゼミはこれ（共同調査）をやらなければいけないと思います。わたしは、ずっとやってまいりました。

赤坂　フィールドワークの準備などについては後半にお話しいただくとして、ちょっとそ

宮田登
一九三六―二〇〇〇。民俗学者。筑波大学教授、神奈川大学教授をつとめる。著書に『白のフォークロア原初的思考』『日和見』（いずれも平凡社）、『ミロク信仰の研究』（未來社）、『宮田登　日本を語る』全一六巻（吉川弘文館）などがある。歴史学・文化人類学・現代社会現象などとのかかわりのなかで民俗学を展開した。

福田アジオ
一九四一―。民俗学者。国立歴史民俗博物館、新潟大学・神奈川大学教授を経て現在は柳田國男記念伊那民俗学研究所所長。著書に『日本村落の民俗的構造』（弘文堂）、『番と衆』（吉川弘文館）、『日本の民俗学「野」の学問の二〇〇年』（吉川弘文館）などがあり、『日本民俗大辞典』（吉川弘文館）を編集した。

のまえに、いくつか確認したいことがあります。野本先生がフィールドに入り、どこかの家に行っておばあちゃんに話を聞いている姿が、うまく情景として浮かばないんです。というのは、いま、福田アジオさんが一日じゅうムラのなかを歩いていたことがわかったのは、たまたま共同調査の予備調査をおこなったために、観察している姿を発見したわけですね。

野本　そうです。

赤坂　つまり、民俗学者は、フィールドに出ている姿を、たがいに知らない。

野本　ええ、そうです。

赤坂　基本的に知らないですよね。基本的に、みなさん、「芸」のように自分の資質に合ったスタイルをもっているわけですね。

野本　そのとおりだと思います。

赤坂　そのスタイルというのは、自分で模索しながらそれぞれにつくられていると思います。とりわけぼくはひとりで、共同調査なんてほとんどしたことがないから、ひとりの無手勝流です。

野本　そりゃあ、ひとりが基本ですよ。

赤坂　ひとりでやっていましたので、ほかの人のスタイルはまったく知らないですよ。ですから、聞き書きといっても「あれ、ほかの人は、何をやっているのかなぁ?」と、わからないところがたくさんあります。野本先生のフィールドワークについては、ぼくは伝説的にいろいろと聞いているだけですが、たとえば先生は、フィールドノートをつくられますか?

野本　はい。つくります。
赤坂　どういうノートですか?
野本　最初は、一二・八センチ×一八・二センチの小さい手帳のようなものを使っていました。
赤坂　最初とは、どういう意味でしょうか?
野本　わたしなどが歩きはじめたころは、「大きいノートをもっていって書くと、ムラの人がいやがる」といわれていました。戦前の記憶みたいなものがあって、尋問を受けているようでいやだろうという思いからですが。「ノート類はもたないのが理想だけれど、メモもできないのでは困るから、小さいものがいいだろう」と、いろんな人が話していました。それでこの大きさの手帳になったわけですが、続けているうちに、この大きさでは書ききれなくなって、大判の大学ノートを使うようになりました。

いまは二冊もっていきますよ。たとえば、大学ノート（開いてB4）と、一ページが一二・八センチ×一八センチの小型ノートをもっていきます。その小型ノートよりすこし大きい、一四・八センチ×二〇・八センチのものをもつこともあります。

じつは、赤坂先生も関係がある会津学研究会メンバーが、「野本はノートを二冊もってるそうだ。これは捨ておけないから、なぜふたつももっているのか調べてこい」というわけで、菅《かん》家《け》博昭《ひろあき》さんという強者が、

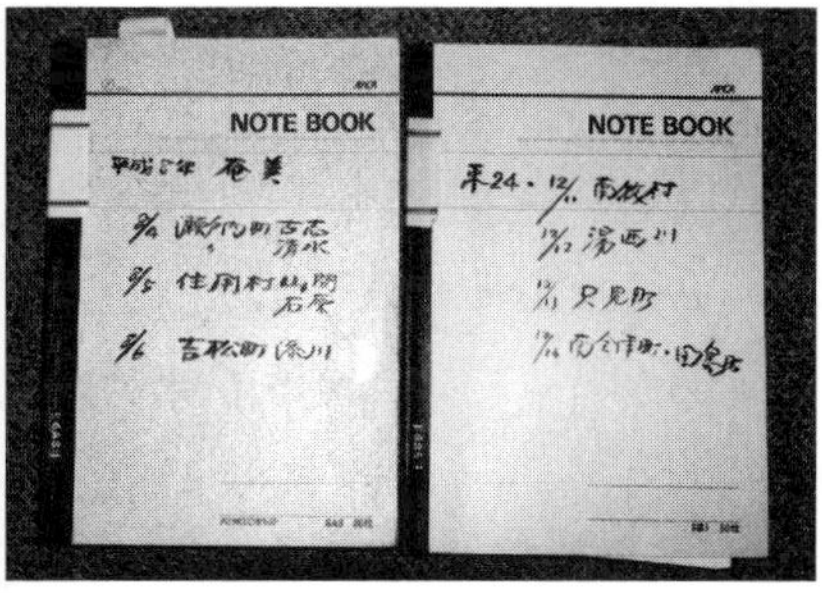

上：フィールドノートの表紙
左：フィールドワークの記録ノート

会津駅までわたしを迎えにきてくれて、調査予定の福島県大沼郡三島町《みしままち》間方《まがた》の菅家藤壽さん（大正一四年生まれ）のお宅まで送ってくださり、わたしの聞きとりに同席しながら二冊のノートの使いかたを確認してくれたことがありました。

小さいほうには、何を聞きたいのか、何を教えてほしいのかという質問項目を書いていきます。1から50ぐらいまで番号をつけて、それにそって質問をするんです。大きいノートには、聞きとった内容を黒のペンでメモしていきます。

一時流行った、カードとはちがいます。「何々を調べる」というカードがあると、それが、カードを使う人のノルマになってしまうわけです。カードを使う人の心のありように、わたしは非常に疑問をもっています。

赤坂　カードは、柳田國男が指導した方法ですね。

「待ってください」とさえぎらないで、記録する

野本　わたしの質問する項目は、メモふうなんです。いちばん大事なことは、「相手がその項目にないことを話されるとき、そこには新しいテーマが潜んでいることが多い」ということなんです。

長い人生を歩んでこられたかたがたは、こちらの質問に答える以外に、ご自分が語りたいこと、語らなくてはならないことがたくさんあって、それを語られるわけです。

たとえば、自分の息子がフィリピンで戦死したとか、「生きてりゃ、あんたと同じ年ぐらいだろう」とか、語られるわけですね。そうした内容にも真剣に耳をかたむけるべき

菅家博昭
会津学研究会代表。福島県大沼郡昭和村在住。

だと思います。そういうとき、「あ、待ってください。そういうことは関係ありません」といってさえぎってまで調査を続けていいのか、ということです。人生の先輩がたの語りのなかには、じつに重いものがあります。

「このことは、どうですか？」とたずねたとき、「ああ、知りませんねぇ」とおっしゃるけれど、やや異なった角度からポツリとひとこともらされる。さえぎらないで聞いていると、そのなかに、たとえば環境民俗学のなかに加えるべき重要な一項目が、明確に語られることがあるわけです。

いまは田辺市に合併された和歌山県東牟婁《ひがしむろ》郡本宮町《ほんぐうちょう》（熊野本宮大社がある）に、田畑清乃さんという一九一〇年（明治四三年）生まれのおばあさんがおられました。「わたしは、月ばかり見てましたよ」とおっしゃるので、「なぜですか？」とたずねると、「満月を中心とした月夜巡りの日には、草を刈っても虫がつく、屋根に葺《ふ》くスギの皮を剝いでも虫がつく、稲刈りもダメ、闇夜巡りでないとダメだ」と盛んにいうわけです。

もちろん、闇夜巡りの日の昼間のことですよ。これはなんだろうと思いました。ぼくは、直感的に「細胞とか水分に関係があるな」と思ったのですが、まことに残念ながら、これ（月夜巡りの樹木伐採）を解き明かしたのは、オーストリアの営林署に勤めたかたです。そのかたが日本にきて講演をおこない、それを聴いて感銘を受けた静岡県浜松市天竜区の榊原正三さん（昭和二三年生まれ）という材木屋さんが、新月伐採をおこなっています。実際、闇夜巡りに伐採すると、虫がつかないのです。

つまり、そういうこと——。わたしの質問項目にないことを、田畑清乃さんは語ってくれたわけです。カード方式に固執することがいかに自らの可能性をつんでしまっているかということです。

赤坂　山形の最上川沿いの村々では、「鮭の大助《おおすけ》」という伝承がとても有名ですね。野本先生も当然ながら調査をされていますが、ぼく自身も、川で漁撈をやってる人たちに聞き書きしていたときには、「このあたりで〝鮭の大助〟の伝承はありませんか？」と、質問項目のひとつのようにたずねたわけです。返ってきた答えは、ほんとうに新鮮なものでした。いわゆる「鮭の大助」伝承ではなかったんです。

「鮭の大助」というのは、粗筋としては、山奥で漁をしていた男がワシにさらわれて絶海の孤島につれていかれ、そこからサケの背中に乗って川を溯上して、村に帰ってくるという話です。ところが、ぼくが聞いたのは、まったくちがう話でした。語り手は、「昭和九年のことだ」と前置きして、こんな話をしてくれたんです。

――東北にとって昭和九年は凶作の年であり、電線を引いたばかりなのにお金が払えず電気を切られてしまった。まっ暗になった村に、秋になって「鮭の大助」がさかのぼってきたという噂が広まる。そして、自分のじいさまと隣のじいさまが、とうとうその「鮭の大助」をつかまえた。

野本　ほほう。

赤坂　それを食べると、中風になるんです。オナカマという盲目の巫女のところに行くと、神様の「鮭の大助」をとって食ったから、祟《たた》りにあって中風になったんだといわれ、そのサケの大きな頭を庭の隅に埋めて、祠《ほこら》をつくってお祈りをしたというんです。話しているじいちゃんも、聞いているぼくも、すごく楽しかった。いわば、自分の求めていたものには裏切られて、「鮭の大助」の伝承というよりも、「鮭の大助」を現実に生

鮭の大助
サケの王ともいうべき巨大なサケが、背に人を乗せて川を溯上したり、簗《やな》を開かせて産卵を成就させたりする伝説。大助は「大鮭」だという。

きてしまっている人たちの語りにぶつかったわけです。
じつは「イネの凶作の年には、サケが大量にとれる」といういい伝えがあって、それが一九三四年（昭和九年）のケガチ（飢饉）の年の記憶だということに深い意味があるのだということに、あとになって気づかされもしたんです。
ところが、むかし話とか説話研究の人たちはきっと、相手がそういう話をはじめたら、それは「鮭の大助」ではないから、「ちょっと待っててね」というかたちで相手の話したい気持ちをおさえて、「そうではなくて、こういう話じゃないですか？」というように誘導してしまうでしょう。あるいは、録音するのをやめて、ただ聞き流すのかもしれない。

野本　そうです、同感です。

赤坂　それは、ノイズとして切り捨ててきた部分のような気がしますね。

野本　そのとおりです。

赤坂　そのノイズの部分にこそ、そこに生きている人たちがサケという魚をどういうふうに眺めてきたのか、「鮭の大助」という伝承をどのように生きてきたのか、そういうことが透けて見える。まさに凝縮されているような気がしました。

野本　非常にいいお話です。わたしも、山形県西村山郡西川町《にしかわまち》で、次のような話を聞きました。「鮭の大助」とはいわなかったけれど、長さ五尺の「サケノスケ（大鮭）」をとった男がいた。そして、男は、そのサケノスケをひとりで食べてしまった（笑）。それで死んじゃった――というわけです。わたしはかろうじて、赤坂先生がご指摘されたような、むかし話研究者のパターンに入らないですみました。そして、椎葉村の狩猟伝承に耳をかたむけているとき、獲物のイノシシを近隣の者とか縁者に分割するという民俗があることを知りました。そういうサケノスケのような巨大な獲物の場合には、皆にわけなければいけないという民俗思想があったのではないかと思いました。非常にびっくりしました。とっさにそう思いました。

赤坂　ぼくが聞いた話では、ちゃんとわけてますから中風になるぐらいですんで、死ななかったんですね。そういう意味あいでは、「研究者がある先入観にとらわれていると、見えることが見えない」といった危険がありますね。

野本　そう、危険ですね。

赤坂　とくにこれは、ぼくにとっては目の覚めるような体験でした。

フィールドからの帰り、列車のなかでノートのメモを補足する

赤坂　後半のテーマに入ります。先ほど、ノートの話をお聞かせいただいたのですが、そのノートをこちらから見ますと、赤と黒の二色ですね。それはなぜですか？

野本　ふつうのフィールドノートの場合は、こうするわけではありません。わたしは小型のノートに質問項目をまとめておいて、相手のかたのお話を黒ペンで大学ノートに書きこみますが（老眼が強くなっているので、ノートが汚くなります）、これは速記と同じですから、ワードだけのときもあるし、キーワードやキーセンテンス、あるいはフレーズ、略図だけを書くわけです。

そして、その地に二、三泊逗留《とうりゅう》しているときには、その日に聞いてきたことを、宿で

補足整理していくわけです。帰路の場合は、列車・航空機のなかでもおこないます。まだ記憶が新鮮ですから、これはこういうことだったと、まちがいがないです。

赤坂　まず黒でメモ、ことばを置いておくわけですね。

野本　はい。そこに、緑か赤で補足していきます。ある失敗から、この方法を思いつきました。

沖縄の久高島《くだかじま》へ調査に入って、かなりめずらしい話を聞いてきておりました。のちに原稿の依頼があったのですが、「ああ、その主題なら、あのとき久高島で聞いているから大丈夫だろう」と思って承諾しました。しかし、ノートを開いてみたら、なんとキーワードがならんでいるだけ。あるいはフレーズがならんでいるだけ。話を聞いてからずいぶん時間がたってしまっているので、文脈がない。「こりゃ、イカン」ということになり、もう一度久高島まで話を聞きに行きましたよ。それからは、聞きとりをした直後に宿か列車のなかで必ず補足するようにしています。この方法は、学生たちにも教えてきましたが、自分でも続けています。

赤坂　いまもやられているわけですか。野本伝説のひとつに、「ノートにはことばがいくつか、とびとびにならんでいるだけだ」というものがあります。「よくぞ復元できるものだ」と、われわれは不思議に思ってきたんですよ。

野本　いやいや、とんでもない。

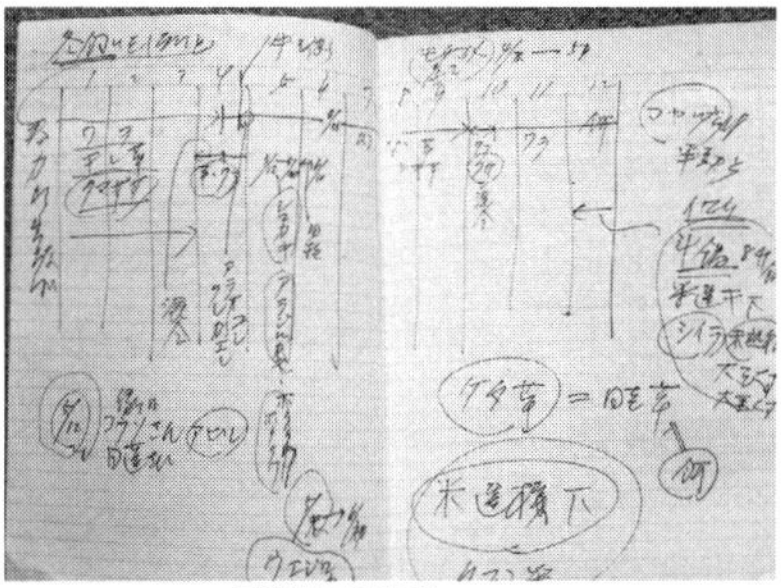

鳥取県日野郡日南町《にちなんちょう》笠木《かさぎ》、坪倉清隆さん（昭和6年生まれ）からの牛に関する聞きとり記録（2004年1月）

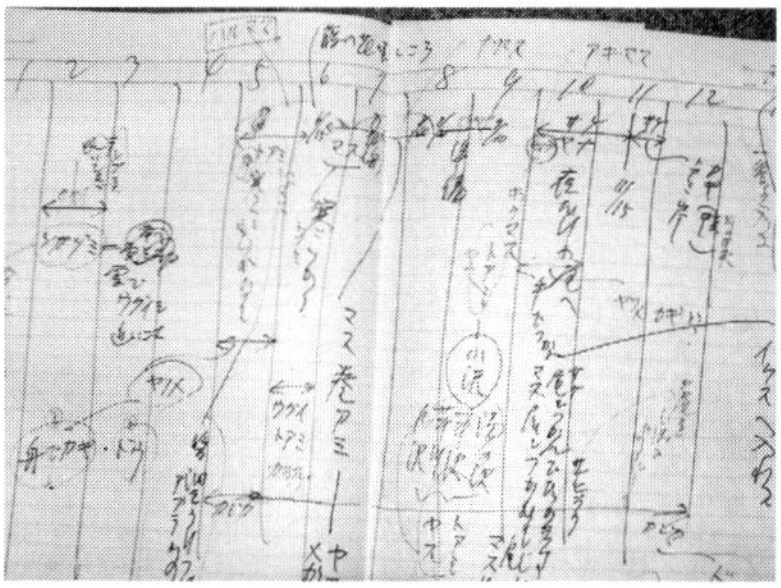

山形県鶴岡市本郷、庄司二郎さん（昭和2年生まれ）からの河川漁撈に関する聞きとり記録（1994年7月）

赤坂　そうではなくて、列車のなかできちんと復元されてるわけですか？

野本　そうです。それが楽しみのひとつです。

「採譜」ではなく「整譜」か

赤坂　なるほどね。もうひとつ、「おばあちゃんが民謡をうたうのを聴くと、一回でそれを覚えてしまう」という野本伝説がありますが、それはどういうことですか？

野本　ぼくには古い遺伝子があるんでしょうね。たしかに、いっぺんで覚える歌もあります。だけど、いつも覚えられるわけではないです。特定の民謡を覚えたくて短時間特訓を受けても、なかなか覚えられない唄もあります。それはいろいろです。

いま、地元でうたえる人がいない唄で、わたしだけが辛うじてうたえるものがいくつかあるでしょう。先ほどの話のとおり、明治生まれの人からたくさん教えていただきましたから。

本を書くときには、だいたい歌詞だけをあげてます。現場で、唄を聴きながら楽譜にできればすばらしい。それは「採譜」といえるでしょう。現地でその土地の民謡をテープに録音する。それを、あとで楽典にくわしいかたに楽譜にしていただくとすれば、それは「整譜」というべきかもしれません。

赤坂　セ・イ・フですか。

野本　わたしは、国民学校での成績は、体操と音楽がよくありませんでした。声が悪いといわれて、ダメでした。たしかに、声が悪いんです。運動神経も鈍いんです。それでは、なぜ自分で民謡をうたうようになったかというと、ムラへ入って「民謡をうたってください」とお願いすると、必ず「おまえが先にうたえ」といわれるんですよ。これは当然のことでしょう。「おまえのほうの唄は、どうなんだ?」というわけです。そういうことです。

赤坂　そのときには、静岡の唄をうたうわけですか?

野本　そう、覚えておいて。そのためにぼくが最初に覚えた唄は、『地《じ》搗《つ》き唄《うた》』といって、家を建てるときに地面を固める唄です。

赤坂　ああ、土搗き唄ですか。

野本　それを覚えたわけです。「これが、うちのほうのこういう唄です」といってうたうと、ムラの人もその地の民謡をうたってくれるんです。

静岡県の場合でいうと、茶摘み唄、茶揉み唄(焙炉で茶の葉を揉む工程でうたう唄)、仕上げ節という箕を使うときの唄、お茶の生産・製造過程にかかわる三つの民謡があります。焙炉で揉む唄がある。経験のあるお年寄りに会ったときに「うたってください」とお願いすると、「おれはうたえるんだけどね、ひとりではうたえねぇよ」と、必ずこうおっしゃる。「キザだなあ。ひとりでもいいじゃないか。うたってほしいなあ」と思ったものです。ところが、民謡の勉強をすすめるうちに、「囃子《はやし》」の重要性がわかってきました。焙炉場では、だいたい三人で茶揉みをする。ひとりが音頭出しでうたっていると、のこりのふたりが囃すわけです。その囃すあいだに、歌い手は喉を休めて調子を整え、次の部分をうたうことができるんです。「囃し」や「相の手」が入らないと、うまくうたえないんです。ひとりじゃうたえない、「囃子」がなきゃうたえないってのは、道理

地搗き唄
家屋建築に際して、土地を搗き固めるときに、丸太状の杵を上げ下ろしする呼吸をあわせて動作をそろえるための唄。地形唄《じぎょううた》ともいう。礎石を据える場を固めるところから、石搗き唄、石場搗き唄などと称する地もある。

なんです。そういうことが、だんだんわかってきました。

ふつうの民謡調査だと、民謡の歌詞を聞いて、それで終わりになるんですが、わたしはその「囃子」が非常に重要であることがわかったので、それまで全部採録してあります。

カメラとザックと手土産

赤坂　それが言霊の研究になっていくんですね。

野本　そうです。不備なものですけれども。

ノートの表紙には、調査地と調査年月日を明記する。なかで聞きとりの伝承者がかわったときには、ページをかえて名前・生年などを書いておくわけです。ムラが書いてないってことがありますが、これはだいたい覚えています。ただ、忘れることがありますから、インフォーマントがかわるたびに、どこのムラのだれそれということをきっちり書いていかないと、あとで困ると思います。フィールドワークの準備としてのノートは、こういうことです。あとは、先ほど申しあげた地形図のことです。

ほかにはカメラですね。失敗したことがありますので、わたしは二台もっています。元はカラースライドとモノクロームだった。いまは二台ともカラープリントです。デジカメは使っていません。デジカメで撮ろうかとも思っていますけど、色が褪せるとか聞きますから。まあしかし、写真の色が褪せるまえに自分が終わりますからいいんですが(笑)。

赤坂　デジカメは、写っているかどうか、撮影したあとですぐ調べられますよ(笑)。

野本　それから、先ほどお話にあった先行研究の文献。これはもう当然ですね。わたしは学生ではなく社会人ですから、調査のときにはわずかばかりの手土産をもってまいります。静岡に住んでいたときには、お茶。東北とか北海道に行くときには、お茶二〇〇グラムです。

赤坂　お茶がないからですか?

野本　そうです。しかし、これがまた問題で、「おう、おまえ、静岡からお茶をもってきてくれたのか。さぞうまいだろう。飲んでみよう」なんて感じですが、山形とか秋田とか青森とか、みなさんのほうが上等の、いいお茶を飲んでおられます。お茶は楽しみですからね。ぼくのもっていったお茶のほうがまずかったこともありました（爆笑）。

九州の山のなかに行く場合は、マグロの角煮でした。奈良に住むようになってからは、紙の箱に入った八つ橋です。金属製の箱は重いので、なるべく軽いものを、なるべくたくさんもってまいります。

次に衣料ですが、衣類は当然、季節によって変わります。夏は、化学繊維のズボンがいいですね。なぜなら、わたしは調査をしながら山に登りますから。鳥海山《ちょうかいさん》とか月山《がっさん》とか岩木山《いわきさん》などは、調査の途中で登りました。「ハイ、山に登って終わり」ではなく、山に登ったあとに再度、ムラに入って調査を続けます。山に入ると濡れることがありますが、化繊だとすぐにかわきます。

立山で、「なんで、おまえは!」と怒られたことがありました。雨が降って寒くなってきているのに、超薄着で、濡れた格好をしてるものだから、山小屋のおばさんにしかられました。

カメラザックをもっていきます。民俗写真家の渡辺良正さん——よく谷川先生と組んで仕事をされたかたです——と下呂《げろ》（岐阜県）の田遊びを見にいったときに、彼から教わったんです。「これが便利だぞ」と。上下ふたつにぱかっとわかれるザックで、ポケットがいっぱいあって、いろんなものを分散して入れられる、大きなものです。これをずーっと愛用しており、いまでも使っています。

このカメラザックは便利です。どこへ行くときにも背負ってまいりますが、山形・秋田では薬屋さんにまちがわれたことがありました。話を聞こうとして玄関で声をかけると、「薬屋さん、まにあってます」といわれて困りましたよ。二度ほどありました。まあ、ご愛嬌ですけどね（笑）。

ほかにも、おもしろい話があります。川を溯上するマスの調査を、昭和六〇年代から平成一〇年ごろまでおこないました。あらかじめ、その土地のマスとり名人の情報を仕入れておきます。「このムラでマスとりの名人はだれだ」とか、「まだ寒いときに潜ってやる、すごい人だ」などという情報を仕入れてから、「ごめんください。こちらの旦那さんは、マスとりがうまいと聞きましたので、マスのことについて教わりにきたんですが、ご主人はいらっしゃいますか？」とおたずねします。すると奥さんが、「あいにく留守です」という。そこで、「いやあ、残念だなあ。さっきあそこのうちで聞いてきた

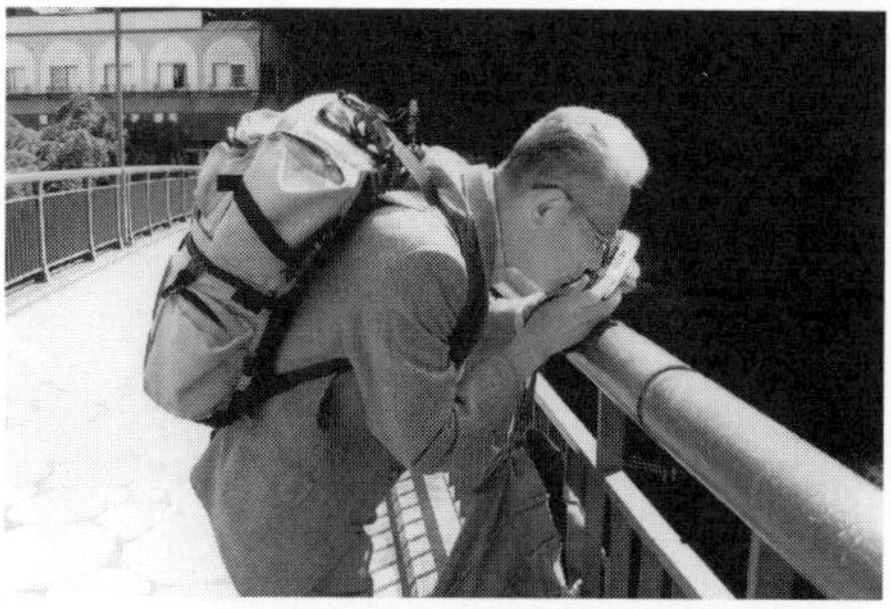

右：長野県飯田市の天竜峡駅前　左：天竜峡で淵を写す（撮影：八木洋行氏、2007年）

ら、春、まだ雪代《ゆきしろ》が冷たいときに潜ってとるそうじゃないですか。すごい技術だって、みんないってましたよ」とかいったら、裏の奥のほうで「うーむっ」と声がする。奥さんは「あら、帰ってきたかしらね」（大爆笑）。そこでいろいろ教わりました。そういうことが二、三度ありました。

プライバシーの問題が出てきていますが、『食の民俗事典』でも全部、固有名詞、生年を入れましたでしょう。わたしは、民俗学で個人情報関係で問題を起こしたことはありません。彼らは誇りをもっており、それを語りたいのです。伝承知とともに、誇り高い生きかたを教わりましたね。

赤坂　そうですね、野本先生は、ムラの名前も語り手の名前も、生年月日も全部入れる。ところが、人類学などの人たちは「P村のA氏」とする。あれは、個人情報を守ろうとしているのではなくて、自分の研究ソースを守ろうとしているわけです。つまり、名前を全部出すと、次にだれかがそこに行って自分以上の聞きとり調査をしてしまう可能性がある。「ようは、自分の研究の源を独占して守ろうとしているだけだ」と聞いたことがあります。

野本　あるでしょうねぇ。

赤坂　相手を守っているのではなくて、自分を守っているらしい。

野本　民俗学のフィールドワークの聞きとり内容は、常にこまかい歴史年代で記述するということができません。やっぱり、「〝どこのだれ〟という、具体的な経験をもっていて何年ごろに生きた人が、こういうことをやっている」というのを明確にしておかないと、「伝承の資料性」がきわめていい加減になりますから。

渡辺良正
一九三三―。民俗写真家。『沖縄先島の世界』谷川健一文（木耳社）、『祭りと神々の世界』（日本放送出版協会）、『お祭りガイド』関東、東北（三一書房）など。

『食の民俗事典』
野本寛一編、柊風舎、二〇一一年。「素材の獲得と調整」「食物・食法」「食とその関連民俗」を柱として、明治・大正・昭和の伝承者六〇〇人からの聞きとりを資料として編集されている。

たとえば、これまで民俗学がたたかれてきた理由のひとつに、「むかしは」とか「かつては」などというあいまいな表現があまりにも多かったことがあげられるでしょう。わたしも「むかしは」という表現を使わないことはないのですが、「〝むかし〟ってのはいつなんだ？　奈良時代なのか、明治なのか？」とたたかれる。それが身にしみている。わたしは、「糾弾されようとも、個人情報の掲出をやろう」という思いで続けてまいりました。ただ、あとからいろんな「押し売り」がこないとも限らないから、個人情報で規制するのもわかりますがね。

赤坂　いまはそうですね。

野本　いまは、調査が非常にやりにくくなっています。わたしの場合、いまでも「ごめんください」といって戸を開けるときに、とても緊張します。よく、ほかの人から「いまでもですか？」といわれますが、まったく変わらないんです。われわれは、闖入者《ちんにゅうしゃ》ですからね。

赤坂　そうですね、まさしく闖入者なんですね。

野本　ムラで静かに暮らしているかたのところに突然、どこの者ともわからんやつがのりこんでいくわけですから。「受け入れてもらえるだろうか？」という謙虚さがなかったら、終わりでしょうね。

話を聞く相手への配慮がたいせつ

赤坂　野本先生は、攻撃的なタイプですか、それとも、受け身ですか？

野本　ふだんの性格は攻撃的ですが……行動は攻撃的ではないと思いますよ。調査することと・学ぶことは、攻撃的では絶対にできませんもの。根底に「おじゃましているんだ」「学ばさせていただいているんだ」という気持ちがないとダメでしょう。インフォーマントのほうが主であるということ、「調査に入っている者を中心に地球がまわっているわけではない」という認識です。わたしは、自己中心的で攻撃的で気短な人間ですが、それがすこし矯正されてきたのは、民俗学を続けてきたおかげです。

たとえば、インフォーマントのかたから「きょうはお医者さんへ行く日です」とか「もう、明日にしてください」なんて、絶対にいいだしません。あるいは、きょうはゲートボールの日であるとか。このごろとくに増えているケースでは、老人介護施設のようなところがあって、そこで血圧の検査とか、かんたんな遊戯とか、いろいろやってくれるので、みなさんは、それを非常に楽しみにしています。そういうこと（相手の予定や楽しみなど）を全部承知してないとダメでしょう。

いちばんたいせつなことは、何年生まれで、どのくらいの健康状態のかたが、何時間しゃべったら、どのぐらいお疲れになるのかということに配慮することです。これができないと、通用しません。いくら聞きたくても、自主規制が必要でしょう。

一日じゅうずっと座って調査を続けるというかたがいましたよ。

赤坂　どこかで聞いたことがありますね。

野本　これはダメでしょうねぇ。絶対ダメです。

赤坂　集中して話を聞けるのは、どのくらいの時間ですか?

野本　二時間でしょうねぇ。

赤坂　やっぱり二時間ですね。ぼくもそう感じています。
野本　二時間だからすくないというわけでもありません。もっとひどいときもあります。「いまから〇〇へ出かけるから、一〇分くらいならいいよ」とかね。これをいちばんに聞きたいという質問が頭のなかにありますから、そのようなときには、ひとつかふたつについて集中的に聞く。よくありましたね。
赤坂　先ほど、民俗学者はしばしば「むかしは」とかいう。じつは、その「むかし」が、とても気になっています。たとえば、明治一九年生まれの老人たちの記憶というのは、何年ぐらいさかのぼれるんですか？
野本　よく、「物心《ものごころ》がついてから」といいますね。それからでしょうね。
赤坂　物心ついたときに、かたわらにいるおじいちゃん・おばあちゃんなどの記憶も、そこに流れこんできませんか？
野本　ええ。ただ、みなさん、峻別されますよ。おじいちゃん・おばあちゃんはこういうことをやっていた。おじいちゃん・おばあちゃんまでは、こういうものを着ていた。しかし、わたしらはもうちがっていたと。わりに信用できると思いますが。

徳島県名西《みょうざい》郡神山町《かみやまちょう》、オフナトさん（屋敷神）を問う（撮影：中原亨氏、2009年）

「むかし」とは、祖父母の時代

赤坂　たとえば、一六八〇年代に編纂された『会津農書《あいづのうしょ》』に「古老」と呼ばれる人たちが出てくるんですが、彼ら古老が語る「むかし」は、どのくらいさかのぼるのか。

野本　まぁ、民俗学的な「むかし」というのは、その人の祖父母の時代でしょうね。

赤坂　祖父母の時代ですよね。

野本　そうだろうと思います。

赤坂　そのあたりは、かなり確実ですね。そばにいて、孫が祖父母から育てられて、話を聞いていますから。

野本　そう思います。そのぐらいの枠づけはおこなって、三世代続けば民俗として承認すると、かつて盛んにいわれました。同様に、「伝承者が〝むかし〟という場合、その人の祖父母の時代のことをいうことが非常に多い」という認識があってもいいでしょう。「むかし」といったら「いつなんだ?」といって全部排除して追い出したら、民俗学はできなくなりますよ。

赤坂　『会津農書』のなかには、祖父母の時代——いわば中世——にまでさかのぼりそうな民俗が見いだされるんです。福島県立博物館の佐々木長生《ささきたけお》さんと、そんな話をすることがあるんです。

野本　準備について続けますと、わたしの場合、山歩きに耐える靴を履いていきますね。次に、宿の予約は可能な限りしない。あるムラに行ってだれそれに会いますと、「そんなことなら、隣のマチでやってたよ」とかいわれるわけです。それじゃ、隣のマチに寄

『会津農書』
一六八四年（貞享《じょうきょう》元年）佐瀬与次右衛門によって書かれた農業技術書。上巻＝水田稲作、中巻＝畑作、下巻＝牛馬、屋敷その他からなり、附録編もある。『日本農書全集』一九巻（農山漁村文化協会）として一九八二年に刊行されている。

っていくか、次の電車に乗っていこうかと。このようなことがすごく多いんです。だから、わたしは極力、宿を予約しない。調査の弾力性と融通性を重視することにしています。

赤坂　野本先生は、ついに車の免許をもたれなかったですね。

野本　もっておりません。

赤坂　電車とバスと徒歩ですよね。

野本　徒歩、タクシーです。

赤坂　そうか、タクシーがありますね。

野本　山奥なんかに行く場合、時間帯によっては、歩いていくとへんな時間――たとえば昼食前の一一時半ごろ――に着いてしまうので困ります。多少金がかかっても、そういうときにはタクシーで入って、帰りは歩きます。

赤坂　そのとき、タクシーはどこでとめますか？

野本　はあ、どういう意味ですか？

赤坂　タクシーをとめて降りる場所は、どこですか？

野本　それは、まちまちですね。先生は、そのムラへ入る前でしょう？

赤坂　はい。ムラに入る手前で降りたくなりますね。

野本　理想です。そうあるべきでしょうね。それでいいと思います。わたしも、そうしております。話を聞くお宅の前まで行くなんてことは、まずないです。

赤坂　そう、家の前でタクシーから降りていったら、もう勝負がついてしまいますよね。

野本　赤坂先生がおっしゃることはよくわかります。そのとおりです。わたしの場合は、行きにタクシーを使えば帰りは歩くことを、努めてやりました。よく、こういうことをいわれましたよ。むかし、いやむかしじゃない（笑）、歩きはじめたころの、昭和四〇年代の末から五〇年代はじめ――リュックサックを背負っていくと、山の人は背負子《しょいこ》・背板《せいた》を背負うのが商売だから、「おまえ、それ背負って、どこから歩いてきた？」と、必ず聞かれる。「〇〇駅で降りてから、〇〇峠を越えてきました」というと、一発で信用されます。たとえば山形でいえば、小国《おぐに》の奥に五味沢《ごみざわ》というところがあるんですが、さらにその奥へ入ったときには、小国の駅から歩き、帰りも歩いたことがあります。

話を聞き終わったあと、身にしみるような静けさのなかで、聞きたての話を反芻《はんすう》しながら歩きました。おいとまをして雪のなかを歩いてくるわけですね。

赤坂先生のテレビ映像で、雪用の長靴を履いて歩いていくうしろ姿を、ぼくはいまでも鮮明に覚えています。

赤坂　なにか、ありましたっけ？

野本　東北芸術工科大学に赴任されたあと、山形県内を歩いておられたころだと思います。

雪の話ですが、生活に支障が出るほど積もると困るけど、四方が山にかこまれた場所では、雪が一メートルから一メートル五〇センチぐらい積もっているときは、山がシーンとしている。「そのときは、いろいろ考える時間としてすごくいい」というのが身にしみてわかる。先生のいう〝季節

福島県耶麻《やま》郡北塩原村《きたしおばらむら》、檜原湖《ひばらこ》（撮影：川合正裕氏、2008年）

感〟ですよ、あの『山野河海まんだら』の。だから、調査の季節として、冬は意外にいいんです。

赤坂　とくに雪国がそうですね。

野本　そうですね。そういうことです。

話を聞く相手は自分で探す

野本　調査の際、教育委員会などを通じて、話者を紹介してもらったり、いろいろ教えてもらってから行く人がいますが、わたしは絶対にそれはしません。その理由のひとつは、役所のかたがたは非常にお忙しいですから、迷惑をかけます。もうひとつは、そこへ行くと体験者や生活者を紹介してくれず、〝ムラの知識人〟を紹介してくれるからです。

赤坂　よくわかります。ぼくも、最初のころは気づかずに、紹介してもらって調査に入りました。

あるとき、「あの人のとこへ行けば、なんでも教えてくれる」と役場で聞いて、八〇歳代の元校長を訪ねたことがありました。けれども、案内された部屋の壁には一面にヌード写真が貼られていて、なんだかようすがおかしい。そうしたら、「じつは、自分は知らないんだ」と、話すのを拒まれました。

理由があったんです。旧制中学に入るためにムラを離れて、師範学校を出て先生になってからは県内を転々としてきたから、「おれは、ムラのことはほとんど知らない」というわけです。ただ、役職としてえらいものだから、町史をつくるとかいうとすぐに代表にさせられる。これまで知ったような顔をしてやってきたけれども、「実際には、おれは何も知らないんだ。もう、これだよ」ということで、わざわざヌード写真の部屋に通したんだと思いますね。

野本　そう思いますね。ぼくは、「逆に、誠実だったんだ」と、あとになって思いました。

赤坂　そんなわけで、「あそこの家に行け」と役場で教えられたけれど、そこで聞き書きができずにしかたなく外に出て出会った人から、ぼくの聞き書きがはじまったわけです。行った先で知ったかぶりして話をされ、「なるほど」とうなずいて帰っていたら、終わりでした。

野本　終わりですね。いいかたにお会いしましたね。

赤坂　あとで気がつきましたけどね。逆に、知らないことを教えてくれている。

野本　それをいわない人がいますからね。逆輸入のものとか、自分の推測で話す人がいますから。とにかく自分でムラへ入って、イヌかイノシシのように嗅覚をはたらかせて経験豊かな生活者にお会いできれば、道が開けます。

赤坂　でも、ムラのなかを歩いていると、みんなに見られていますね。

野本　そうです。ぼくは、まっ白い頭で、いまでもリュックを背負って行きますから、おかしな老人だという感じで見られます。でも、やっぱり、わかってくれるんです。「そういうことが知りたいのか。それなら……」とか、ほんとうに多くのかたに、いろいろお世話になりました。

相手の生活を知り、一回の調査は二時間、回数を重ねること

赤坂　フィールドワークにおける礼儀・作法について、お話しください。

野本　礼儀・作法もたいせつなことだと思います。このような「フィールドワークとは」というような話のときには使いますが、ふだん、わたしは「調査」ということばを使いません。「お教えいただきたい」とか、「教わりにきました」といいます。これは、学生にも徹底させました。

次に、ムラへ入る時期や季節を考慮すること。歳末は避けます。

赤坂　歳の暮れはそうですね

野本　高校の教員時代には、時間がとれないので一二月下旬にもやっていたんですが、つらかったですね。

赤坂　そうですか。

野本　さすがに一二月二八日をすぎたらもうやめましたけれど、つらかったです。

あとは、わかりきっていますが、お盆、お盆まえ、正月ですね。正月は、たとえば岐阜県の本巣市に越波《おっぱ》というムラがあります。ここは福井県境のムラで、直接山越えできないところですが、そこのかたなんかは、四月から一一月までムラに住み、一二月から三月までは息子が住んでいる各務原《かかみがはら》市とか岐阜市とかへくだるわけです。同様のことが、八重山の離島鳩間島《はとまじま》でもありました。平素は島で暮らして、正月は石垣島に住んでいる息子といっしょにやる。三〇年ぐらいまえから、そういうかたちがかなりおこなわれていますね。

越波
福井県境の山村。旧・本巣郡根尾村越波。

鳩間島
西表島・船浦湾の北方五キロにある、約一平方キロの島。沖縄県八重山郡竹富町に属する。

赤坂　飛島《とびしま》でも聞きました。

野本　はい、そうでしょうね。それから、お祭り時期もダメです。降雪期も、雪かきをしなきゃならんので（手伝えばいいですが）。それから、葬儀・婚儀・法事、こういうときは、ムラへ入っちゃダメです。みんな（冠婚葬祭のおこなわれている）そのお宅へ行っているし、そういう気持ちは絶対に大事にしなきゃいけないと思います。

生業関係でいうと、漁業の出漁期があります。ある魚をとる、その最盛期に行ってはダメ。農村であれば、農繁期、田植え・稲刈り時期は絶対ダメ。この時期は、年寄りでもそわそわしていますから。そういうときに入って、年寄りだからいいだろうと思っていると、怒られる。「なんでこんなたいへんなときにくるんだ」と。そういう悲しい思いをさせちゃいけません。

意外に年じゅう忙しいのは果樹栽培農家で、リンゴ・ナシ・カキもたいへんです。何がたいへんかというと、冬場は、枝の剪定、それにかかわる消毒、花が咲いてくれれば摘花（花を摘む）、果実がなりはじめると摘果——「摘」がふたつあるわけです。それから、袋かけ、収穫……ずーっと続きます。いつ行っても会えません。

狩猟の場合は、猟期です。一一月一五日から二月一五日かな。ついこのまえ、ぼくは一月二三日に水窪町の猟師に狩猟儀礼について話を聞こうと思ってうかがいました。いつもそこで夕飯をいただいたりして、かなり親しいものですから、すこし甘えていました。しかし、猟期なんです。その夜は寄合だからダメだといわれ、明日の朝、短時間でいいから教えてくれないかというと、明日はこれ（猟＝銃をかまえるしぐさ）だからはやく出るといわれ……。そういう実情ですから、生業のことをしっかり頭に入れておかなきゃ

飛島
山形県酒田市に属する日本海上の島。鳥海山《ちょうかいさん》の山頂が噴火によって吹きとんで島になったという伝説があり、島の名前もそれに由来している。

あダメですね。

赤坂　野本先生でも失敗することがあるんですね。ぼくは、田植えの季節に訪ねて、何日も、遠くからムラの人たちが働く姿を眺めていたことがあります。そんなあたりまえのことがわかっていなかったわけですね。

野本　そうです。それに加えて高齢者の場合は、先ほど話に出ましたが、通院、ゲートボール、老人憩の家、これを第一に考えてからうかがわないといけない。そういう問題があります。

次に、今度は訪問時刻の問題があります。朝の九時前はダメです。とくに朝の連続ドラマは楽しみにされている。午前一一時半だともう昼飯の心配をされはじめるので、一一時半には訪問宅を出なければいけません。午後は一時すぎで、五時前においとましなければいけない。

もっとも重要なことは、インフォーマントの体調ですね。ぼくらの若いころとちがい、長寿社会になってきましたから。茶の間の風景は、昭和一〇年代、二〇年代の囲炉裏端の場所が電気炬燵になっている。おじいちゃんは炬燵に入って、おばあちゃんは低い椅子に腰かけている。地域を問わず、ほとんど全員といえるほど女性は膝を痛めておられる。こういうことをふくめて、体調というものを考えなければいけません。具合が悪いときはもうやめる。その日に無理をして聞かなくてもいい。

このほかの作法としては、昭和末年ごろまではアポイントメントはとらなかったんですが、このごろはアポイントメントをとらなくてはいけな

長野県下伊那郡阿智村清内路《せいないじ》、野村家の出作り小屋を訪ねて（撮影：八木洋行氏、2011年）

長野県下伊那《しもいな》郡阿南町西條《あなんちょうにしじょう》早稲田、杉本鷲男さん（大正4年生まれ）に馬市の話を聞く（撮影：八木洋行氏、2007年）

い時代になってきている。うんと遠いかたならとりませんが、比較的近いところ、長野県とか静岡県ではとります。このまえ、ある人に会いたくて電話をしたところ、「じいちゃんが風邪ひいて、やっと治って起きあがったけど、今度はわたしが寝こんでいる」ということでした。強引に「それではじいちゃんに聞くから、おじゃまします」ってことは、けっしてやったらイカンのです。ばあちゃんは、自分の身体のことも心配するけど、じいちゃんの身体のことをすごく心配する。じいちゃんの健康のことで注意された経験が二度ありますが、ばあちゃんから、恥をさらしますが、二度あります。

一度めは、奄美大島の宇検村《うけんそん》でイノシシのことを聞いていたときのことでした。じいちゃんは、自分の自慢話、得意話ですから、いくらでもしゃべるわけです。ばあちゃんは、それを見ていて、どうも限界だなあと考えはじめて、「ちょっと、じいちゃん、疲れるみたいですから……」とおっしゃった。ぼくはおわびをしてすぐにおいとましましたが、ばあちゃんにこんなことをいわせるのは最低です。

もうひとつは、五島列島の宇久島《うくじま》でのことです。やっぱりじいちゃんが話にのってきてくれて、「戦前は、この村は三七戸あったけど、いまは七戸しかない」となげくわけです。そして、どんどん話してくれる。するとばあちゃんが、「ちょっとねぇ、昨日まで体調が悪かったんですがねぇ……」。わたしは「いやぁ、どうもすみません」。そんなこと、ばあちゃんにいわせてはダメです。民俗を学ぶ資格はありません。

一回の調査は必ず二時間前後、ないし半日以内で終えて、回数を重ねることがたいせつでしょうね。

宇検村
奄美大島の西寄り、湯湾岳《ゆわんだけ》（六九四メートル）の西南麓、海沿いの村。

宇久島
五島列島の最北部にある、長崎県佐世保市に属する島。壇ノ浦の戦いのあと、平家盛（平清盛の弟）がこの島に逃れて住みつき、五島一円に勢力を伸ばして宇久氏の祖となったという伝説がのこっている。

それから、これは作法ではなく礼儀になりますか。お礼状について。宮本常一先生は汽車のなかで書かれたという伝説がありますね。宮本先生の著作に、「梶田富五郎翁」という名文があります。梶田さんの家に行って、次に行く家を紹介していただき、そこへ泊まるわけです。そういう旅を続けていれば、礼状は汽車のなかで書くしかありません。ぼくは、家に帰ってから書きますね。それから、まとめた報告書、抜き刷りなどは、可能な限りお送りします。還元するということ、これは作法だと思います。

赤坂　できそうで、なかなかできませんね。ぼくは、お返しすることに失敗してきました。野本先生の弟子の川合くんは、車で一、二か月野宿しながら調査を続けましたが、宿泊はどうされるのですか?

野本　さっき、すこし申しましたが、宿泊についてはいろいろな経験をしました。やむをえずそういうことになったわけですが、民家にも相当泊めていただきました。いちばん多いのは、やっぱり交通手段がない九州の山のなか、椎葉村と泉村ですが、マチにくだって鉄道でまわっていくと二日もかかるところが、峠を歩くと一日で行けるので、泊めてもらい、昭和五〇年代に通いつめました。ほかには、山梨県でも静岡県の井川《いかわ》や水窪でも、泊めてもらいました。

高知県の椿山《つばやま》では、公民館に泊めてもらいました。ひとりでしたけど、泊めてくれました。ここは、高知県の仁淀川町《によどがわちょう》です。文化人類学者で『焼畑のむら』という名著を書いて有名な福井勝義さん、彼も公民館でしょう。それから姫田忠義《ひめだただよし》さんも公民館、わたしも公民館です。カプセルホテルにも、もちろん泊まっています。

駅で寝ることもありました。四国と本州を結ぶ瀬戸大橋が通じた年の五月の連休、四国

「梶田富五郎翁」
『忘れられた日本人』岩波文庫、一九八四年に所収

抜き刷り
雑誌・論文などのある部分だけを抜き出して別に印刷し、簡易製本したもの。

泉村
熊本県八代《やつしろ》市泉町。椎葉村と境を接するムラは、旧・泉村椎木である。

福井勝義
一九四三―二〇〇八。文化人類学者。国立民族学博物館助教授、京都大学教授などを歴任。『焼畑のむら』(朝日新聞社)、『NHK人間講座・東アフリカ・色と模様の世界』(日本放送出版協会)など。

の旅館・ホテルは満杯、ラブホテルも満杯で、どうしようもないので香川県の多度津《たどつ》の駅で寝ましたよ。蚊にやられました。五月の三日でも「おぉ、蚊がくるもんだ」と思って、そこで寝ました。

北海道、夏場の札幌は涼しいから、あちこちでナントカ大会が開かれている。労組の大会などもあり、宿泊施設は全部満員。ぼくは、銀行のビルの谷間で寝ました。

赤坂　ええっ！　銀行のあいだ（笑）。

野本　はい、銀行のビルとビルのあいだです。

山形県の鶴岡では、ラブホテルに泊まったことがあります。月山《がっさん》登山の人などが連泊するんでしょうね、ふつうの宿は全部満員。

ラブホテルに泊まっていちばん困るのが、朝飯です。鶴岡あたりだと、ラブホテルは田んぼのなかにあるので、近くに食堂がありません。

いろいろあるのですが、そこまでしても続けたい起動力（発条力）を、民俗学は起こしてくれます。

赤坂　川合くんも起動力ですね。車に荷物を全部積んで、道の駅とか、温泉とか共同風呂を使って……。「だから、汚くない」といいはってました。

野本　温泉に入るんだ、彼は。たいしたもんだなー。

赤坂　いい研究だったですね、彼の修論は。

野本　彼は、赤坂先生に目を開いていただいて、前にすすみましたね。山の神について研究していたのですが、畑作の農神《のうがみ》というものの体系的研究がないことを先生にお教えいただいて、目を開きました。非常に楽しみだと思います。

姫田忠義
一九二八―二〇一三。ドキュメンタリー映画監督、映像民俗学者。日本各地にのこる貴重な民俗文化（基層文化）を映像にのこし、一〇〇本を超える作品を制作した。おもな作品に、『アイヌの結婚式』『イヨマンテ　熊送り』『椿山　焼畑に生きる』『越後奥三面　山に生かされた日々』『越後奥三面第2部　ふるさとは消えたか』などがある。

いちめいある、くぼうじま（出会った人びとは数えきれない）

赤坂　では、本日のインタビューの結びとして、フィールドでめぐり会った人びとのことです。のべ何人ぐらいの人と、お会いになりましたか？

野本　それは数えきれませんね。

赤坂　では、のべ何キロぐらい歩かれているのですか？

野本　それもわからないですね。ま、たいしたことはないですよ。

赤坂　あの宮本常一が、地球を四周するぐらい歩いたとか、伝説になってますが。

野本　ぼくは、宮本先生なんかとは桁がちがって、すくないです。それは、まちがいない。出会った人びとは数えきれないのですが、とりわけ心にのこっているかたがたをあげてみます。

まず、静岡県で調査していたころの、先ほど申した御前崎市の高塚佐右衛門さんという牡蠣をとる名人ですね。このかたは、漁撈活動が太陰周期に連動するということを教えてくれました。月の満ち欠けと潮ですね。それから、竜爪山《りゅうそうざん》という静岡市にある信仰の山へおまいりに行ったこと。何かあれば「非国民」といわれた時代に生きてきたわけですから、表向きは武運長久・弾よけ祈願に行くというかたちです。ただし、裏がある。

赤坂　ほう、裏がある。

野本　裏が、徴兵逃れ（籤《くじ》逃れともいう）です。そういう神社は、地方に点々とありますよ。

赤坂　へぇー、そうなんですか。

野本　戦争に関する聞きとりの、非常にいい仕事があります。それらは、高い評価をあたえたいと思います。しかし、「徴兵逃れ」についてはほとんど入っていませんね。これも積極的に調査しなければいけない。もう遅いですけれども。

高塚佐右衛門さんには、いろいろなことをうかがいましたが、これは忘れがたいですね。老人が頬を赤らめながら、恥ずかしそうーな顔をされて……。

沖縄の久高島に、一九〇四年（明治三七年）生まれの西銘《にしめ》シズさんというかたがおられました。このかたは、自分の住む久高島のことを、「いちめいある、くぼうじま」（一枚のクバの葉が浮かんでいるような島）というふうな美しい表現をしましたね。あの聖地はなんといいましたか、琉球王朝の……。

赤坂　せーふぁうたき（斎場御嶽）ですか？

野本　そうでした。「せーふぁうたき」から見れば、まさに「いちめいある、くぼうじま」になります。それを語ってくれました。わたしはいろいろ話をうかがったんですが、そのひとつが「十一めちゃが」。めちゃがとは、褌《ふんどし》のことです。女の子が一一歳になると、空色の褌をつけてブランコに乗る。それから、もう一回、「十三たなじ」といって、今度は白い褌をつけて海に入る。禊《みそぎ》ですね。

赤坂　うーん。

野本　久高島には、重層的に女性になっていく階梯儀礼があるわけです。「イザイホー」です。「イザイホー」以前の問題を、西銘さんがぼくに教えてくれたんです。西銘さんは、わたしが船で帰るとき、船着場まできて

沖縄県南城市久高島、クバの葉をもつ西銘シズさん（明治37年生まれ）撮影：野本寛一、1981年

見送ってくれました。これは、非常に心にしみました。高取正男さんが「出会いの喪失」という随筆で、「現代人は、ほんとうの出会いを失っている」と書いています。あるいは、出会いを活かせていないと。見送りにきてくれた西銘さんの想いに、ぼくは応えたのだろうかと……。
三隅治雄《みすみはるお》さんという芸能の研究者が鬼界ケ島（硫黄島《いおうじま》）へ行ったとき、やはりおばあさんが、お別れだといって別れの唄をうたってくれたということです。それが、即興の歌なんです。三隅さんは芸能研究者ですから「もう一回うたってくれ」とたのんだそうですが、うたえないといわれたそうです。別れというものは、そういうものです。これをふまえて高取さんが、「出会いの喪失」と述べている。現代人はほんとうにたくさんの人に出会っているのですが、ほんとうのところで出会いを活かしていないというんです。ぼくが会ったかたがたからいろいろお教えいただいて今日があるというか、さらに勉強をすすめなければいけないという気持ちになりますね。

アイヌのムラ二風谷《にぶたに》へ

野本　それから、北海道の沙流《さる》郡の平取町《びらとりちょう》二風谷。有名な萱野茂《かやのしげる》さんのところです。ぼくもずっとむかし（笑）、若いころにあのムラに入って、貝沢イワコさんという一九一一年（明治四四年）生まれの女性に会っています。そのかたは和人ですが、美幌《びほろ》アイヌのお父さんとウモンカタンという二風谷のアイヌのあいだの里子としてもらわれた。アイヌには、運の悪い家に和人をもらうと、子ども（子孫）がのこっていくというい

イザイホー
沖縄県久高島の祭事。一二年に一度、午《うま》年の旧暦一一月一五日から五日間にわたっておこなわれた。久高島で生まれた三〇歳（丑《うし》年）から四一歳（寅年）までの女性が、先祖の霊力を受け、ノロ（女性司祭者）を頂点とする島の女性祭祀集団に加入するための祭祀儀礼。

高取正男
一九二六―八一。古代日本思想史・民俗学者。京都女子大学教授。『民間信仰史の研究』『高取正男著作集』全五巻（ともに法蔵館）などの著作がある。

「出会いの喪失」
『高取正男著作集4』法蔵館、一九八二年に所収

三隅治雄
一九二七―。広く国内外の伝統芸能の調査研究に従事する。東京国立文化財研究所名誉研究員。『郷土芸能』

伝えがあるんです。苫小牧の山奥で炭焼きをしていた一三人兄弟姉妹のひとりだった彼女は、アイヌの人びとはたいそう親切だったと語っていました。貝沢イワコさんは萱野さんの親戚筋ですけれども、一九七四年（昭和四九年）までは焼畑もやって農業もやっていたということです。

赤坂　へぇー、焼畑ですか。

野本　「アッシ」という、木の皮を使った織物がありますが、それを織って一九五五年（昭和三〇年）から旭川の土産物屋に出していたというお話をしてくださって、昭和初年まではアイヌの生活をしていたとおっしゃいました。「人間は神様の授かりもので、折檻するときには子どもを窓から出しちゃいかん」「窓から出しながら折檻しちゃいかん」とか、「神様にまたつれてかれる」とか、いろんなことを教えていただきました。わたしはまだ報告していません。

赤坂　焼畑をやっていたんですね。

野本　やっていたそうです。一年次はヒエ・キビ・アワ、二年次はダイズ・アズキ、三年次はヒエ・キビという輪作もあったようです。

赤坂　アイヌの人たちは焼畑をやらなかったといわれていますね。

野本　貝沢さんはそうおっしゃいました。大規模じゃないですよ。

赤坂　ほう。

野本　アワのどぶろくなんかも、つくっていたんですよ。

赤坂　アワのどぶろくですか。

野本　それから長野県の天龍村大久那《おおくな》で一八九九年（明治三二年）生まれのかたにお会い

（大同書院出版）、『芸能史の民俗的研究』（東京堂出版）、『日本の民謡と舞踊』（大阪書籍）など。

二風谷
アイヌ集落、アイヌ文化伝承と研究に尽力した萱野茂（一九二六―二〇〇六）が活動拠点としたムラ。二風谷アイヌ資料館がある。萱野氏の著作には『おれの二風谷』『アイヌの民具』（ともにすずさわ書店）などがある。萱野氏は参議院議員をつとめた。

大久那
天竜川右岸七八〇メートルの高地集落。久那は焼畑系の地名。

しました。このかたは、別れるとき、お泣きになる。「もうおまえとは会えないだろう」といって。「一期一会」の深い意味を教えられました。

現代においては、人と人との関係が非常に淡白にすぎてしまっている。ぼくらは反省しなければいけないところです。そういうこともあって、いろいろ考えさせられました。

富山県南砺《なんと》市利賀村《とがむら》（演劇の村として有名なところです）の阿別当《あべっとう》というところで民宿「にしのや」をやっていたおばさんで、野原ことさんという一九一五年（大正四年）生まれのかたがいました。このかたは、小学校四年・五年の二年間、子守奉公に行っている。奉公からもどってきたら勉強がわからなくて困ったと話されていました。非常に優秀なかたで、一三歳から二三歳までに四回の転勤をくり返しながら、糸引き工女をしており、のちにムラの男性と結婚して、焼畑はやる、採集はやる……ありとあらゆる仕事を経験されているすごいかたでした。わたしは、ライフヒストリーを発展させて、ライフエスノグラフィーというか、村落誌的な「個人誌」をやろうという試みで、この人のことを書きました。まだ出版はされていません。

赤坂　ライフエスノグラフィーですか。

野本　そうです。個人をベースにしたエスノグラフィーです。

旅先で出会った人びと

野本　それで、この民宿へ六回めにまいりました。もう亡くなられましたが杉原さとしという作曲家がきていたんです。高橋直人という作詞家とコンビで泊まっておられました。

利賀村
旧・富山県東礪波《ひがしとなみ》郡に属した村。庄川水系の山間にあり、岐阜県と境を接する。

阿別当
利賀川沿いの集落。

ライフエスノグラフィー
時間軸を重視したライフヒストリー（個人史）ではなく、民俗的経験の世界を重視した個人の記録で、「個人誌」ともいうべきもの。

座敷の奥のほうから、お座敷唄みたいな歌が聞こえてくるので「なんだろうな?」と思っていたところ、野原さんが、「きょうは、作曲家のかたがきているんですよ」といって、紹介してくださいました。

ふたりは、「風の盆へ行くんだ」という。石川さゆりの歌に『風の盆恋歌』がありますでしょ(作詞・なかにし礼)。ふたりはそれにショックを受けていたわけです。だから、あれ以上のものをつくりたいと思って何年も通っているということでした。今夜も行くので、「あんたも行かないか」と誘ってくれたんですよ。わたしは、それまでも「風の盆」に行きたくていろいろ調べてみましたが、旅館は全部満員でしょ、行けなかったのですよ。車はないしね。いっしょに乗せてやるといわれたので、「ぜひお願いします」といって乗せてもらって、風の盆を見ました。

そういう出会いもあるわけです。そういう、インフォーマントだけじゃなく、そのほかのいろんなかたがたとの出会いがあります。

赤坂　なるほど、調査とはちがう、そんな出会いもあるわけですね。

野本　たとえば、写真家の萩原秀三郎さん。このかたは民俗学も非常にすぐれていますし、文化人類学に行ったほうがいいほどのかたで、石川県の小松市の焼畑の収穫祭・ナギ返しという行事でお会いしました。「泊まるところがない」といわれる。わたしは連泊で宿をとっていたので、「わたしの宿でよかったら」と誘いました。アシスタントのかたがひとりいましたが、「かまわないから」と、三人で寝ました。

萩原さんがえらいなと思ったのは、次のような姿を見たからです。

今日では、祭りや民俗芸能の場では、テレビが王様です。某テレビ会社のカメラマンが、

萩原秀三郎
一九三三―。民俗写真家・民俗学者。文化人類学者として日本・中国をこまかく歩く。『日本人の原郷・揚子江流域の少数民族文化を訪ねて』(小学館)、『鬼の復権』(吉川弘文館)ほかがある。

ナギ返し
石川県小松市小原でおこなわれていた焼畑作物の収穫祭。加賀市に移住した伊藤常次郎氏が一九八〇年(昭和五五年)一一月九日に復演した。

撮影のためにわがもの顔でダーッと出てくる。そのとき萩原さんは、「ちょっと待ってくれ。写真を撮ってる人間もいるんだ」と、テレビカメラを制しました。テレビが帝王の現在に、テレビを制した写真家です。

もうひとつ、八木洋行《やぎようこう》という、わたしの非常に親しい、一一歳若い友人がいます。彼といっしょに大井川流域を歩いていたときのことです。当時、彼は二八歳でした。中川根の「ヒーアイ踊り」というそのお祭りの場に臨んで、八木さんは写真を撮っている。そこへ、テレビ局が入ってきた。お祭りでうれしいもんだから、ムラの子どもがその舞台(四角い舞台)のまわりをとんで歩いていたところ、テレビ局のカメラマンが「撮影のじゃまになるから」といって、子どもに小石を投げた。

赤坂　ほんとうですか？　とんでもないですね。

野本　じゃまだといって、小石を投げたんですよ。「何してるんだ！」八木さん、怒りましてね。「子どもはムラの祭りでうれしいんだ。あやまれっ！」て。えらいなあと思いました。

フィールドワークのなかでいろんな出会いがあり、多くのことを学びました。

さらにいうと、民俗芸能史研究の大家の本田安次先生とは、沖縄の国頭村《くにがみそん》の奥の豊年祭でお会いしました。萩原龍夫先生にもよく民俗芸能の場でお会いしました。いまも活躍してる鈴木正崇先生は、静岡県の懐山《ふところやま》の「おくない」(おこない)という芸能の場で会ってから、ずっとのおつきあいです。それから、若い人にも会いました。津田さんという慶応の大学院の学生でした。

赤坂　津田博幸さんですか？

八木洋行
一九四八―。民俗学・民俗芸能研究をベースにしたフォトライター。「しずおかの文化新書」編集長。『村ごとの舞』『東海道名物膝栗毛』(いずれも静岡新聞社)など。

中川根
現・静岡県榛原《はいばら》郡川根本《かわねほん》町《ちょう》徳山。浅間神社で八月一五日の夜、ヒーアイ踊りがおこなわれる。

萩原龍夫
一九一六―一九八五。民俗学者。日本史研究者。元明治大学文学部教授。『中世祭祀組織の研究』『巫女と仏教史』(いずれも吉川弘文館)、『神々と村落』(弘文堂)など。

津田博幸
一九五七―。古代日本文学研究者。和光大学表現学部総合文化学科教授。

野本　そうです、よくご存じですね。

赤坂　いっしょに研究会をやっていたことがあります。

野本　彼が院生のときに、西表島《いりおもてじま》の民宿で同宿しました。台風に閉じこめられて、三日三晩、船が出なかった。それで毎晩、泡盛を飲んでいました。ぼくは社会に出て勤めているのに金がなくて、彼からお金を借りて泡盛を買って飲んでたんです（あとで返しましたが）。そこで「古見《こみ》のアカマタ・クロマタ」をふたりで見ました。

永松敦さんとも、「**銀鏡神楽**《しろみかぐら》」で出会ったわけです。ぼくが猟師のかたから話を聞いているとき、「ぼくも聞いていいですか?」といってきたのが永松さんでした。

それから千葉徳爾先生は、一九八〇年（昭和五五年）八月一四日、石川県小松市の焼畑の現場で、出会いました。宮本常一先生にそっくりでした。温和で、物静かで。千葉先生は、拙著『焼畑民俗文化論』（雄山閣）の書評を書いてくださいました。こうした出会いがたくさんありました。

豪雪の長野県栄村《さかえむら》に、山田作松さんという一八九二年（明治二五年）生まれのかたがおられました。いちばん強く印象にのこっているのは、鈴木牧之《ぼくし》が『**秋山記行**』に書きとめた地元の人びとの発音と同じ発音で、作松さんが話されたことです。「きぃさって」が「ちいさって」になるんです。「あきやま」の、「き」を「ち」と発音する。「あちやま」という。牧之の記録どおり話していました。語りの内容も、すごい内容でしたね。こういうことを話していると、まだまだいくらでもあり、きりがないんです。時間をすぎてしまいましたね。

赤坂　いやいや、興味ぶかいお話ばかりです。

永松敦
一九五八―。民俗学者。宮崎公立大学教授。『狩猟民俗と修験道』（白水社）、『狩猟民俗研究　近世猟師の実像と伝承』（法蔵館）などがある。

銀鏡神楽
宮崎県西都《さいと》市銀鏡《しろみ》、銀鏡神社大祭が一二月一二日から一六日にかけておこなわれ、一四日から一五日にかけて三三番の神楽が演じられる。イノシシの頭が献じられ、狩猟にかかわりの深い演目や神事があることで知られる。

『秋山記行』
越後塩沢の文人・鈴木牧之（一七七〇―一八四二）が秋山郷を探訪観察して記した、民俗的色彩の強い紀行文。十辺舎一九の依頼により一八二八年（文政一一年）に探訪し記したものであるが、十辺舎一九が没したため、牧之生前の刊行は

野本　ほかの学問分野でも、フィールドワークは非常に大事でしょうが、民俗学にとってフィールドワークは、根源的な構成要素です。民俗学を支える栄養素であり、学問の基盤であると考えています。これをおろそかにしたら、民俗学は滅びます。先ほど赤坂先生も、伝承基盤や伝承力が非常に衰退しているというお話をされましたが、先行文献をしっかり勉強したうえで現場へ入る。そうすれば、必ずつながってくるものがある。そう思います。

叶わなかった。『秋山記行』は、宮栄二校注のものが平凡社東洋文庫に収められている。

Ⅱ部

神樹見聞録　フィールドワークから見えてくること

――小川直之

はじめに――「知」の体系を考える

フィールドワークの実践から何を考え、そして何が見えてくるのかを語るまえに、ちょっと整理しておきたいことがある。それは、「わたしたち人間の知識や技術、価値観は、どのような体系をもっているのだろうか？」ということである。

この本の読者のかたがたは、本を読みすすめるなかで、これまで知らなかった新たな知識が得られることだろう。いうまでもなくそれは、文字によって構成される文章を理解することで自分が知らなかったことを知り、未知の世界に逍遥したり、ある事柄について自分とはまったく異なる見方があることに気づいたりなど、人それぞれである。

こうした営みによって新たな知識を獲得できるのは、幼稚園や小学校にはいって文字を学び、文章を理解できるようになったからである。使ったことのない道具や装置が、それに添えられたマニュアルを読むことで使いこなせるようになるというのも、同じことである。つまり、その獲得のありかたからいうと、わたしたちの知識や技術、価値観の体系のひとつには文字や文章によって修得されるものがあり、それは、そのことを意識して〝学ぶ〟ことによって得られた体系であるということができよう。人間がもつ知識や技術、価値観などの総体を「知」という用語でくくるなら、こうした「知」の枠組みは、文字という媒体によってかたちづくられ、自覚的な学修によって伝達あるいは伝承されるのが特徴である。

しかし、それでは、ごはんを食べるのに箸を使えるようになったのは、ある食べものを食べて「うまい」とか「まずい」と思うような感覚は、家にあがるときに反射的に履きものを脱ごうとすることなどは……どのように説明することができるのだろうか。箸使いの方法、味覚、履きものを脱いで家にあがるということも、明らかに人間がもつ知識であり、技術や価値観である。

こうした「知」の枠組みの最たるものが母語としての「ことば」で、この「ことば」が使えるからこそ、他者がいいたいことを理解でき、また自分の意思を他人に伝えることができる。

母語である「ことば」の獲得は、けっして学校などで「あ、い、う、え、お……」と教えられたものではない。幼児時代、まずその音を聞きわけることからはじまって、次第に自分の声として出せるようになるという習得過程があってこそ、得られたものである。その習得は、自覚的にではなく無自覚的に、あるいは本能的に、おこなってきたものだといえよう。

わたしたちにはこうした「知」の枠組みもあるのだということに気づけば、この「知」は、生を受け、幼児から子どもへ、そして少年、青年へという成長過程において、知らず知らずのうちに獲得してきたものだということがわかる。

体験によって習得される「知」は、その人がどこに生まれ、どのような生活をおくってきたかによって異なっている。同じ農村育ちといっても、雪国に生まれ育った人と温暖な日々が続く南国に生まれ育った人とでは経験が異なるし、海辺の漁業を生業にする家や地域に生まれ育った人と高層ビルが建ちならぶ大都会に生まれ育った人とでは、もちろん経験はちがう。農村に生まれ、イナゴを佃煮にして食べて育った経験をもつ人は、「イナゴは食べものだ」と考えるが、めったに昆虫に出会わない都会で生まれ育った人は、当然ながら「そんなものは、食べものではない」と思う。このような「知」の体系は、成長過程の体験によって形成されたものであり、文字によってではなく、ことばや行為、感性など、非文字の媒体によって獲得され、伝達・継承されてきた。そこには、〝場所〟によるちがいや、生まれ育った家や地域のありようによる差異が存在する。たとえばクジラやイルカを捕獲することへの考えかたの相違などは、こうした感性のちがいが国際的な問題になっているのである。

ごく大雑把にまとめるならば、人間がもつ「知」の枠組みには、①文字によって伝達継承され、自覚的な学びによって修得する「学修知」と、②成長過程でことばや身体技法、感覚・感性など文字ではない体験によって獲得する「経験知」——のふたつがあり、両者が複雑に組みあわさって、全体としての「知」の体系ができあがっているのだということになる。

そして、だれもが「学修知」と「経験知」というふたつの「知」の枠組みをもつということからいえば、「知」の体系を考える営みは、自分自身を知る「内省」ということにもなる。ふたつの「知」は、いずれも長い歴史のなかで蓄積され、それが次世代へと伝達継承されて、現在にいたっている。歴史過程では、社会情勢の変化や新たな文明の導入などによって「知」の内容が変化していることもたしかである。

この本のテーマである「暮らしの伝承知を探る」は、人であればだれもがもっている、生きていくために必要な「知」の体系を明らかにしようという学問的な営みであり、民俗学では、その全体像を、後者の「経験知」に足場をおきながら探っていこうとしている。

同じ国にあるといっても、「経験知」から見る日本の姿は、先にすこしふれたようにさまざまである。ここに、その現場に赴いて研究をおこなうフィールドワークの重要性が存在するのであり、民俗学がフィールドワークに基づく学問であるゆえんも、ここにあるといえる。

体験に基づく「経験知」を知るためには、農作業や山仕事、あるいはものづくりの現場に立ち会って、その工程を見せてもらったり、行事や儀礼、祭りそのものを見学させてもらったり、知りたいことをよく知っている――多くの場合、その土地の古老の――かたがたに会って、インタビュー形式の聞き書きをしたりすることが必要となる。これがフィールドワークという作業で、常に人が相手であり、そのかた、あるいはそのかたがたの許可が必要となる。

自分がしている作業を見も知らぬ者がじっと見ているような場面を想定してもらえば、わかるだろう。そんなことは許されないのであり、事前に、相手に「なぜ見学したいのか、なぜそのことを知りたいのか」ということの説明があってはじめて、フィールドワークが可能となる。

わたし自身の体験からいっても、そのことをなぜ知りたいのか、趣旨を説明することで許されるのが常であり、逆に、なぜそのことを調べるのかと質問されることもしばしばある。フィールドワークには、それをおこなうための説明責任があるのであり、「暮らしの伝承知を探る」というフィールドワークをわたしなりに説明すれば、ここまで述べてきた「知」の体系を明らかにしたいから、ということになる。

I　フィールドワークという手法

フィールドワークの重要性――それは、先に述べたように、とりもなおさず「地域の生活や文化の実態を知る」ことの重要性にほかならない。そして、こうした研究が必須であると認識されるのは、いまから一〇〇年以上前の明治四〇年代のことである。
一九〇九年（明治四二年）、当時は国家官僚であった柳田國男（一八七五―一九六二）が、九州出張のあと、宮崎県椎葉村《しいばそん》の狩猟に関する知識や技術などをまとめた『後狩詞記《のちのかりことばのき》』を出版する。柳田は、翌一九一〇年（明治四三年）には、岩手県遠野出身の佐々木喜善《ささききぜん》から遠野地方に伝わっているさまざまな民譚《みんたん》や奇談などを聞き、これを自分の感性で書き直した『遠野物語』を出版している。この年には山中共古《やまなかきょうこ》らとの往復書簡を中心とした『石神問答《いしがみもんどう》』も出版しているが、これに先だって一九〇七、〇八年（明治四〇、四一年）ごろには、いまでいう地理学や農政学、歴史学など各分野の同志を募って郷土研究会を組織し、それぞれの関心からの郷土研究をはじめていた。この会は、一九一〇年（明治四三

『後狩詞記』

一九〇八年（明治四一年）の九州出張で知己を得た椎葉村長・中瀬淳《なかせすなお》が執筆した狩猟民俗に関する記録に、柳田自身による調査資料を加えてまとめて自費出版した著作。文明開化の時代にあって狩猟が主要産業になっている実態を説いたもので、日本の民俗学の出発点といえる。書名は、一四六四年（寛正五年）の『狩詞記』にちなんで、「後の」とつけられた。

佐々木喜善
一八八六―一九三三。現在の遠野市土淵《つちぶち》に生まれ、岩手医学校に入学。その後、泉鏡花の文学に心酔して上京し、佐々木鏡石の名で文筆活動をおこなう。水野《みずの》葉《よう》舟《しゅう》を通じて柳田國男と出会い、『遠野物語』のもとになる話をする。のちに自らもむかし話研究をすすめ、

年）には、**地方学**《ぢかたがく》の必要性を唱えていた新渡戸稲造《にとべいなぞう》を中心とした郷土会へと発展し、柳田は一九一三年（大正二年）三月に、『郷土研究』という、当時としては斬新な研究雑誌の発刊をはじめる。一九一八年（大正七年）には、郷土会のメンバーを中心として神奈川県津久井《つくい》郡内郷村《うちごうむら》（現・相模原市緑区相模湖町）で、人文社会科学系の分野でははじめてといえる**共同調査**が実施されている。

　こうした動向が生まれるまえ、一八八四年（明治一七年）には、坪井正五郎《つぼいしょうごろう》を中心に人類学会が設立され、一八八六年（明治一九年）に雑誌『人類学会報告』が創刊されている。同会は、この年に東京人類学会と改称され、雑誌も『東京人類学会報告』となるが、この会ではいちはやく、日本各地の結婚に関する風俗などを実地に調べた報告を掲載している。「暮らしの伝承知」ということでみると、江戸時代にあたる一八世紀末から一九世紀はじめにかけて、**菅江真澄**《すがえますみ》が、長野県や東北地方各地、北海道南部の人びとの暮らしぶりを書き綴った遊覧記をのこしている。これは「紀行随筆」というのがふさわしいが、広義にはフィールドワークに基づいている。フィールドワークの歴史は、このように古くにさかのぼることができる。

　この稿はフィールドワークの歴史や方法などの検討が目的ではないので、概略だけにとどめるが、ここでわたしが述べようとするフィールドワークの実践は、こうした歴史的経緯に系譜している。はじめにこれにふれたのは、学術研究においては、自らがよって立つ方法――ここではフィールドワークという方法――が、どのような経緯をもっていまにいたっているのかを理解しておく必要があり、この理解を通じてはじめて、自分の立ち位置

『江刺郡昔話』『老媼夜譚《ろうおうやたん》』『聴耳草紙』などを著した。

山中共古
一八五〇―一九二八。共古はペンネームで、本名は笑《えむ》。現在の東京都新宿区に生まれ、メソジスト教会の洗礼を受けて、のちに牧師となる。庶民生活史に関心をもって東京人類学会の会員となり、見聞を発表する一方、柳田との往復書簡で石神など民間信仰の意見交換をする。『土俗雑話』『見付次第』『甲斐の落葉』などの著書は、『山中共古全集』全四巻（青裳堂書店、一九八五―八八年）にまとめられている。

『石神問答』
山中笑（共古）、白鳥庫吉《しらとりくらきち》、伊能嘉矩《いのうかのり》、佐々木喜善らと交わした書簡をまとめた書冊で、一九一〇年に聚精堂から出版された。「石神」

を自覚することができるからである。

柳田國男は、官僚としての旅のなかでフィールドワークをおこなって『後狩詞記』などを著すとともに、郷土会の活動などを通じて郷土研究の同志を得ながら研究をすすめた。また、その研究対象を、次第に民間伝承、すなわちフォークロア（Folklore）に移していく。そこには、南方熊楠《みなかたくまぐす》（一八六七―一九四一）からのアドバイスや、イギリスのケンブリッジ大学教授のジェームス・ジョージ・フレーザー（一八五四―一九四一）の著書『金枝篇』、同じくイギリスの民俗学協会設立の中心となったジョージ・ローレンス・ゴンム（一八五三―一九一六）の『Ethnology in folklore』などからの示唆があった。そして、一九三〇年（昭和五年）には「民間伝承論大意」を発表して、民間伝承研究の全体像を呈示するのである。

このときの講演は、一九三四年（昭和九年）に『民間伝承論』としてまとめられ、一九三五年（昭和一〇年）出版の『郷土生活の研究法』でも再説されるが、『民間伝承論』では、その研究目的を「民間伝承の採集と処理によって、果してどれだけの智識が添え得らるるかということである。これはほとんど人類文化史の全般に及び得ることが明らかになった」と述べている。

「民間伝承の採集」というのは、とりもなおさず現地でのフィールドワークのことである。柳田は、これに基づいた文化史の構築こそが重要で、従来の史学による研究は「記録文書の利用し得られる区域こそは、むしろ甚だしく狭かった」と批判している。そして、研究対象については、「第一部は生活外形、目の採集、旅人の採集と名づけてもよいもの、これを生活技術誌というも可」「第二部は生活解説、耳と目との採集、寄寓者の採集と名づ

とは、この書で多く意見交換がおこなわれているシャグジと呼ばれる神のことで、「問答」は意見交換を表している。『後狩詞記』『遠野物語』と本書が、柳田が民俗学へ向かう初期の三部作である。

地方学
新渡戸稲造の「地方学」については、並松信久「新渡戸稲造における地方学の構想と展開　農政学から郷土研究へ」（『京都産業大学論集　社会科学系列』第二八号、二〇一一年）にくわしい。

共同調査
内郷村共同調査については、小川直之「柳田國男と郷土会・内郷村調査」（『國學院大學紀要』第四〇巻、二〇〇二年）を参照してほしい。

けてもよいもの。言語の知識を通して学び得べきもの。物の名称から物語まで、一切の言語芸術はここに入れられる」「第三部は骨子、すなわち生活意識、心の採集または同郷人の採集とも名づくべきもの」としている。この研究対象の分類が、柳田國男の民俗の三部分類である。

『郷土生活の研究法』では、第一部を有形文化、第二部を言語芸術、第三部を心意現象と命名し、『民間伝承論』よりも整理して具体的に示している。これがもつ最大の特徴をわたしなりにまとめると、生活のなかに存在する「知」の体系とその変化を、①まずは視覚的に（つまり、観察することで）とらえ、次に②その当事者から説明を聞くことで理解し、さらに次の段階では③これらを総合しながらそこに存在する心意を理解する――ということになる。まさに、フィールドワークの手順がふまえられているということである。

柳田國男がこのようなことをいったのは、いまから八〇年ほど前である。それは、柳田なりにひとつの学問分野――現在いうところの民俗学――を構築するために説いたことで、この本がいう「暮らしの伝承知」、あるいは、わたしがここでいう、体験によって獲得される「経験知」――を探るフィールドワーカーを、ひとりでも多く育てたいと念願してのことであった。

「観察による理解」「ことばによる理解」「心意の理解」という三段階は、フィールドワークによる文化理解の手順としては納得のいくことで、けっして過去の古くさい説明ではなく、現在も手順として真理をついているものだといえる。

わたしがいまもおこなっているフィールドワークには、①特定の研究課題を明らかにす

菅江真澄
一七五四―一八二九。本名は白井秀雄。三河国（現在の愛知県）で生まれ、国学や本草学を学んだ。三〇歳のときに三河を発ち、長野県から東北地方を遊歴して、それぞれの土地の庶民生活や文物などを紀行文に記した。図絵・図解も多い。その著作は『菅江真澄全集』全一二巻・別巻一（未來社）として出版されている。

アドバイス
南方熊楠と柳田國男との交流は、たとえば飯倉照平編『柳田国男・南方熊楠往復書簡集』上・下（平凡社ライブラリー、一九九四年）を見るとわかる。

『郷土生活の研究法』
柳田國男の『郷土生活の研究法』『民間伝承論』は、ともに柳田の講演を筆耕したもので、『定本柳田國男

る、自分自身のもの、②研究仲間との共同研究としておこなうもの、③学生たちの研究のために同行しておこなうもの――の三種類がある。いずれの場合も、その現場に行ったらまずは自分の足で歩きまわり、その場所がどのような地形立地なのか、畑や水田では何がつくられ、山にはどのような木が多いのか、神社や寺院、祠堂はどこにあるのかなど、できるだけ多くのことを理解しようとする。必要に応じて地図をつくることもある。こうすることで、その土地の人に何かを教えてもらおうとするときに相手のいうことが理解できるようになるし、歩きながらさまざまなものを見ることで、その風景を自らに〝身体化する〟ことができるからである。

〝身体化する〟というのは、自分のなかに記憶や感性として定着させることである。これは、〝実感〟といいかえることもできる。不思議なことに、自動車で動きまわって得た記憶や感性は体にとどまることなく、しばらくすると忘れているのが常である。

未熟ながらもわたしがはじめてフィールドワークらしいことをおこなったのは一九七一年（昭和四六年）五月で、場所は、現在の栃木県那須塩原市百村《もむら》であった。大学の研究会の先輩ふたりにつれられて、まずはムラのなかを歩きまわっていろいろなものを見た。背に蓑をつけた老婆が家の前で里芋を洗っている姿、田植えまえの水をたたえた水田に映った草葺《ぶ》き屋根の家……。そこには温泉神社の名をもつ神社がいくつかあり、複雑な祭祀組織が形成されていた。

集』（筑摩書房）には収録されていない。このふたつは、ちくま文庫の『柳田國男全集28』（全三二巻）に収録されている。

写真1　栃木県塩谷町の農村風景
1972年（昭和47年）には、塩谷町にもフィールドワークに出かけた。

翌年には、栃木県塩谷町《しおやまち》（写真1）にも出かけた。いまから四〇年ほど前のことだが、百村も塩谷町も、その風景は鮮明に記憶にのこっている。

百村の温泉神社の祭祀組織については、のちに、大塚民俗学会発行の学会誌『民俗学評論』第八号（一九七二年六月）に真野俊和《しんのとしかず》さんの「村の祭りと社会関係——栃木県黒磯市百村」という論文があるのを知ったのだが、このときの風景を思い出すたびに、柳田がいう「フィールドワークでは、まずはじめに、視覚的にとらえられる有形文化を理解しよう」ということばを、「まさにそのとおりだ」と、あらためて感じる自分がいる。

一九七四年（昭和四九年）の夏には、神奈川県のある集落でうろうろ歩きまわっていたところ、警官に職務質問され、「カバンのなかを見せろ」といわれたこともあった。それでもやはり、いまでも現地に行くと、懲りずに歩きまわっている。

フィールドワークによって何を知ろうとしているのか、フィールドワークはどのようにおこない、その手順はどのように説明できるのかを、若干の例をあげながら整理してきた。ようは、「わたしたちは、自分の知りたいことを、現地に行って無秩序にやみくもに調べているのではない」ということである。自分の知りたいことの全体を自覚し、フィールドワークの歴史や方法を知ることで、この営みを自らのなかで相対化してから、現地に行っているのである。

「文化を研究する」ということは、とりもなおさず「人間の生活様式や行為、価値観などを考える」ということであり、相手は人間である。人格や、その人たちのコミュニティ、かたちづくっている文化を、その人たちの意に反して公開したり、不当にあつかったり、名誉を毀損したりすることは、許されない。そのためにも、フィールドワークという営みについては、これがどのようなことなのかをわきまえておく必要がある。

それでは、フィールドワークの約束ごとをふまえながら、わたし自身の実践から「知」の体系にわけ入ってみることにする。

Ⅱ　ある感動からの出発――「神樹」とは何かを考える旅

長野市出身で、当時國學院大學教授だった倉石忠彦さんからのお誘いがあって、一九九二年（平成四年）から『長野市誌』民俗編の編さんに加わることになった。一五人ほどがチームを組んでの共同作業である。

それぞれが課題をはっきりさせ、年次ごとに調査地区を決めて、調査がはじまる。定期的に調査内容の報告と検討会がもたれたので、市誌編さんのための調査であっても、共同研究ということができた。

各年度の実地調査――フィールドワーク――では、現地を歩いていろいろなものを見、地元の何人もの古老のかたから多くのことを教えられた。

一九九四（平成六）年度には、善光寺の周辺町内である善光寺町を調べることになった。いうまでもなく、長野市の中心街は善光寺の門前町として発展してきた町であり、市誌の編さんにとって重要な地区である。

この善光寺町で伝えられている民俗の聞き書きのなかで感動的だったのは、善光寺に隣接する上西《かみにし》之《の》門町《もんちょう》に鎮座する弥栄《やさか》神社の齋藤武宮司（一九二六年生まれ）から教えられた、

「御祭礼《ごさいれい》」と呼ばれる祭りのことだった。

長野市の市街地ではもっとも大規模なこの祭りは、善光寺の祇園会《ぎおんえ》とも位置づけられている。善光寺町外である妻科《つましな》の聖徳沖《しょうとくおき》に祀《まつ》られる聖徳社《しょうとくしゃ》（写真2）の槻《つき》（ケヤキのこと）の大木にオンベ（御幣）と呼ぶ笠鉾《かさぼこ》をとりつけて、これにテンノウオロシ（天王下ろし）をし、そのオンベで祭神である牛頭天王《ごずてんのう》を弥栄神社の神籬石《ひもろぎいし》に迎える……ということだった。

御祭礼に参加する町内には変遷があるが、基本的には善光寺への参道と周辺にある町で、ほぼ善光寺町の範囲である。しかし、この祭りの神である牛頭天王は、町外にある聖徳社という小社《しょうしゃ》の神樹に迎えられるのである。

天王下ろしをおこなうオンベに使用する紙は、善光寺大本願《だいほんがん》の前にある中衆《なかしゅう》と呼ぶ兄部坊《このこんぼう》が準備するのが慣例となっている。この坊から弥栄神社に紙が届けられると、宮司はその紙でオンベを切り、聖徳社にもっていく。オンベは、妻科の人たちが槻の木の上にとりつける。この天王下ろしをおこなう日は、聞き書き当時は七月七日であったが、齋藤宮司によれば、年代は不明だが元は七月一日で、さらにさかのぼると、旧暦の六月一日だったという。

天王下ろしがおこなわれて弥栄神社の神籬石に牛頭天王が迎えられる七月七日には、弥栄神社への参詣者はキュウリを奉納するのが恒例となっていて、宮司家である齋藤家では、この日まではキュウリを食べないのが家例であるともいう。

御祭礼はこの後、七月一三日と一四日に、御祭礼町である各町内の屋台などが、馬に乗った小学生の「お先乗り」を先頭に善光寺町を巡行する。この巡行については省略するが、

写真2　妻科・聖徳沖の聖徳社
現在は、天王下ろしをおこなった大木の槻は失われている。

神籬石
神祭りに際して、祀るべき神を迎える場を「神籬」といい、神はこの場にある樹木や岩を依代《よりしろ》にして来臨する。神社ができるまえの形式だが、現在も榊などの常《とき》磐木《わぎ》あるいは大きな石を神籬として神を招いて祭りがおこなわれている例が、各

屋台は二〇台以上となり、「御祭礼」と呼ぶにふさわしい祭りである。

巡行がすむと、天王下ろしで迎えた神を、今度は逆に天にもどす天王上げの神事がおこなわれる。天王上げというのは、牛頭天王を迎えたオンベを弥栄神社から聖徳社に移し、これを槻の木の上に立てる神事であるという。

齋藤宮司から天王下ろしのことを聞いたときになぜ感動したのかといえば、この神迎えの方式は、まさに折口信夫《おりくちしのぶ》（一八八七—一九五三）が「髯籠《ひげこ》の話」のなかで説く神迎えの理論どおりだったからである。

折口信夫という人物は、短歌を詠んだり小説を書いたりもし、釈迢空《しゃくちょうくう》の名でも知られた民俗学者・国文学者である。高等学校の国語の教科書には、よく「葛の花　踏みしだかれて、色あたらし。この山道を　行きし人あり」「人も　馬も　道ゆきつかれ死に、けり。旅寝かさなるほどのかそけさ」などの短歌が載り、歌人として有名である。折口は、生涯、柳田國男を師と仰いで民俗学の研究をすすめ、「まれびと」や「貴種流離譚《きしゅりゅうりたん》」などいくつもの文化理論を呈示した。没後六〇年がたったいまでも、高い関心がもたれている。

この折口が一九一五年（大正四年）四月に発表した論文が、「髯籠の話」である。大阪や和歌山の祭りによく見られる、ダイガクなどと呼ばれる大型の装置の役割を論じたもので、「髯籠」というのは、長い竿の頂部に籠をとりつけて、ここから枝垂れ柳のように幾本もの棒が垂れ下がったもののことである（写真3）。

折口は、この髯籠は祭りに際して天空から神を迎えるための目印となる装置であり、こうした装置を、来臨する神からいえば「依代《よりしろ》」、神を迎える人間からいえば「招代《おぎしろ》」と名

地にある。

兄部坊

善光寺は、天台宗の大勧進、浄土宗の大本願という組織によって護持・運営されている。浄土宗の大本願には一四の坊があって、兄部坊はそのうちのひとつ。宿坊を営むとともに、善光寺の正月儀礼のなかで特別な役割を果たす。

「髯籠の話」

折口の主著『古代研究』民俗學篇第一（大岡山書店、一九二九年）に収められたが、中公クラシックスＪ９『古代研究Ｉ　祭りの発生』（中央公論新社、二〇〇二年）が読みやすい。これには、岡野弘彦「粉河寺の朝の少年折口」という解説が附されている。ぜひ一読をすすめたい解説である。

づけた。この論文で名づけられた「依代」「招代」という用語は、現在では民俗学だけでなく宗教学などさまざまな分野で使われる術語（学術用語）となっている。

折口の「依代」論は、「標山《しめやま》」の理論といっしょに説かれているのも注目される。祭りをおこなうために神を招くとき、神が場所を決めずに天から自由に降りてくると、その場所は神が占有する土地になってしまう。折口は、これでは困るので「神々の天降《あも》りに先だち、人里との交渉の少い比較的狭少な地域で、さまで迷惑にならぬ土地を、神の標山とこちらで勝手にきめて迎え奉るのを、もっとも完全な手段と昔の人は考えたらしい」

写真3　和歌山県紀の川市粉河《こかわ》　粉河産土《うぶすな》神社の祭り
山車の上に枝垂れた髯籠が載る。この写真は、昭和初期のものと思われる。折口信夫民俗写真コレクションの1枚（提供：國學院大學折口博士記念古代研究所）。

写真4　長野市・湯福神社の槻の御神木
聖徳社周辺の神社には、槻を御神木にする神社が多い。社殿の前に、御神木である槻の大木がある。

貴種流離譚
尊い家系の者が、なんらかの理由で都や故郷を離れることでさまざまな試練を受ける。しかし、特別な人物や動物の援助を受けたり、知恵をはたらかせたり、財宝を発見したりすることで試練を克服し、高い地位身分を得たり英雄となったりする物語。説話やむかし話の主題のひとつで、この名称は折口信夫の命名。柳田國男は、同じ主題を「流され王」と名づけた。

標山
「標山」は、天皇が代替わりするときにおこなわれる大《だい》嘗祭《じょうさい》という祭儀にも登場し、この場合は「ひょうのやま」と読む。折口は、これをあえて「しめやま」と読ませている。折口によると京都祇園祭の「山鉾」の「山」は、この「しめやま」が変容したものだという。

と説明する。

「標山」というのは、神が来臨する場所のことである。「標山」の「標」は、神社や祭りのときに町内に張られたり、正月には家の玄関口にとりつけたりする「しめ縄」の「しめ」と同じ意味で、結界を表すものである。「山」については、神迎えの場は古くは山に設けられたと考えたからであり、この「標山」にある天空から見て目立つ大木が、依代となったのだという。

この「標山」と「依代」論は、折口が呈示した代表的な理論であり、善光寺町の御祭礼における天王下ろし、天王上げの神事は、この理論にぴったりとあてはまる。天王下ろしをおこなう聖徳沖の聖徳社は、現在は住宅街のなかにあるが、時代をさかのぼれば、折口がいうように「人里との交渉の少い比較的狭少な地域」だったのであり、ここにある槻の大木が、「依代」に相当する。現在では、天王下ろしや天王上げをおこなった槻の大木は失われているが、善光寺の近くにある湯福《ゆぶく》神社の御神木は槻の大木であり（前ページ写真4）、聖徳社近くの妻科神社にも槻の大木がある。

「髯籠の話」には「一昨年熊野巡りをした節、南牟婁《みなみむろ》郡神崎茶屋などの村の人の話を聞いたのに、お浅間《せんげん》様・天王様・夷《えびす》様など、いずれも高い峯の松の頂に降られるということで、その梢にきりかけ（御幣）を垂《し》でて祭るとの話であった」とあるように、折口は、天王下ろしと同じようなことを和歌山県で聞いていて、これを論文に記していることも、わたしにとっては感激だった。

Ⅲ　中国貴州省で出会った神樹祭祀――トン族の村・登岑村

長野市での調査はその後も順調にすすみ、右にあげた御祭礼などいくつかのことをまとめて執筆して、一九九八年（平成一〇年）一二月には『長野市誌』民俗編が刊行された。ただ、こうした自治体史（誌）は事実の叙述がもっとも重要で、思いきった仮説を示すことはできない。そこで、市誌の執筆とほぼ同時に、祇園牛頭天王信仰の受容の問題にしぼって「長野御祭礼をめぐって――祇園牛頭天王信仰の受容」（『國學院雑誌』第九九巻一一号、一九九八年一一月）という論文を発表した。しかし、天王下ろしや天王上げをおこなう依代としての槻の、折口論述との一致という感動は、その後は自分のなかに伏流したまま、時がすぎた。

フィールドワークをおこなうと、そのなかにはたいてい興味関心がもてる事柄がいくつかあり、こうしたことを自分のなかに累積させながら、また次のフィールドワークと研究へとすすんでいく。ひとつのテーマのみの研究を続けるという研究者はありえず、だれもが大小さまざまな課題を抱えこんでいる。

長野市で聞くことができた御祭礼で牛頭天王の依代となる神木も、わたしにとってはこうした課題のひとつであったが、この問題が再び浮上するのは、二〇〇二年（平成一四年）に中国貴州省黎平県《グイチョウシォンリーピンシエン》のトン族の民俗文化に関する調査をはじめてからであった。この実地調査は、中国社会科学院民族文学研究所の鄧敏文《トンミンウェン》教授の指導助言を受けながら、國學院大學の辰巳正明教授らとはじめた研究である。

貴州省黎平県
貴州省は中国の西南部に位置し、黎平県はその東南部にある。黎平県は黔東南《けんとうなん》苗族侗族自治州にふくまれ、ミャオ族とトン族が多く住む地域である。

同年九月には、黎平県茅貢郷《マオコンシアン》登岑村《デエンツエンツン》で、「鬼師《グイシー》」と呼ばれる宗教者の呉席玉《ウーシーユイ》さんによる神樹祭祀を実見することができた。呉さんの家は代々「鬼師」の家柄で、席玉さんも、親からいわれて鬼師になった。登岑村やその周辺の人たちからたのまれて病気平癒の祈祷や占いなどをおこなうほか、薬草を採取して村人へわけあたえている。

このときの「木の祭り」は、最近、村に風邪をひく子どもが多いので、**寨老**と相談してやることになったのだという。

「木の祭り」は、写真5のようにまわりに丸太を立てて囲った神の木に、それぞれカップに入れた酒、茶、水と米を供えることからはじまる。米を入れたカップにはお金も入れ、

写真5　中国貴州省登岑村の「木の祭り」の供えもの

写真6　丸太で囲んで保護した神樹に向かって祭祀のことばを唱える呉席玉さん

鬼師
「鬼師」の「鬼」は、死者や神々の世界を意味し、こうした世界と通交できる宗教者を「鬼師」という。貴州省で出会った鬼師は、いまのところすべて男である。

寨老
「寨」は集落や村落という意味で、「老」は長老を意味する。この人たちが村落運営の中心となっている。

線香を立てるほか、鬼師である席玉さんの衣服から切りとった布切れものせられている。線香を立てた米のカップの右には、トン語で「バイクゥズ」という幣束が立てかけられている（写真では幣束の形はわかりにくいが、日本の神祭りでも同様の形をした幣束が用いられていて、紙の幣を使うのが日本だけではないことがわかる）。バイクゥズを供えるのは、木の神にたいして、自分以外の一〇〇人が何かをいっても聞かないようにするためだという。また、自分の衣服から切った布をあげるのは、村人を代表して祈りを捧げていることを伝えるためとのことだった。

こうして準備を整えてから席玉さんは、供物の前に座りこんで長い祭祀のことば（祭《さい》詞《し》）を唱えながら（写真6）、長三角の形をしたグワァ（卦）を二本投げ、木の神が願いのことばを聞いてくれるかどうかをたしかめた。グワァは、投げて表が出るか裏が出るかで神意を占う。ひとつが表、もうひとつが裏を向くと、神が願いを受け入れてくれている表れなのだという。

長い祭詞を唱えたあとには、鶏の首を切って血を採り、茶碗に入れて供えるとともに、銭の型がつけられている紙銭の一端に鶏の血をつけたものも供える。神の木を囲む丸太には、血を採った鶏からむしりとった三本の羽根も、貼りつけて供える。

日本の、とくに本州から種子島・屋久島までの範囲に広がっているヤマト文化圏では、祭りの際に鶏などの動物を殺し、その血を神に供えるというような動物供犠《くぎ》を見ることはきわめてすくないが、これは、中国に限らずアジア圏では各地にあって、一般的である。対象となる動物は、大きな祭りでは牛か豚、小さな祭りではアヒルか鶏である。

わたしは、このトン族のほか、同じ中国のミャオ族の村でもいくつもの祭りを見てい

グワァ（卦）
神意を占う木製道具。アケビの実をふたつに割ったような三日月形をしているが、ここでは、牛あるいは水牛の角を使って長三角形につくられていた。

ヤマト文化圏
日本列島は、北海道を中心とするアイヌ文化圏、奄美から沖縄にかけての琉球国を範囲とする琉球文化圏と、大和を中心に統一された古代国家圏であるヤマト文化圏にわけることができる。類似性をもちながらも、それぞれ独自の文化を形成している。ヤマト文化圏の範囲が、おおよそ弥生文化圏ということができる。

動物供犠
動物供犠は、ヤマト文化圏でも雨乞いや日乞いに「殺牛馬」をおこなったことが『日本書紀』などに見える

るが、ほとんどすべての祭りに動物供犠がともなっていた。ただ、登岑村に近い腊洞村《ラードン》で、日本でいえば新嘗祭《にいなめさい》にあたる吃新祭《チーシンチイ》での牛の供犠に遭遇した際には、慣れないせいか、絶命させて首を切って血を採る場面は、さすがに直視することができなかった。

登岑村における呉席玉さんの神樹祭祀を見ていて、自分の衣服の布切れを神樹にあげたのも興味ぶかいことだった。宗教者に何かの祈願や診断をしてもらうとき、当事者（依頼者）が着ている衣服や衣服の端切れを使うのはトン族だけでないことを、思い出したからである。

台湾の台北にある行天宮《ぎょうてんぐう》で病気にたいする祈祷を見学した際には、病気の本人がこられないので代わりにその人が着ていた衣服をもってきて、これにたいしてお祓いの祈祷がおこなわれていた。また、現在ではおこなわれてないが、日本でも、人の死に際しての儀礼といえる「魂呼《たまよ》び」で、その人がふだん着ていた衣服を用いて魂を呼びもどす呪術があった。

「ふだん着ていた衣服には、その人の魂が宿っている」という考えかたが根底にあり、この衣服や布切れを通じて神や魂との交信をおこなっているのである。

フィールドワークをしていると、いろいろな場面に出くわす。そして、そのときにはいつも、類例を思い出しながら、その意味を考えるのである。このときにもそうして、呉席玉さんが自分の衣服の端切れを神の木に供えたのは、祈願の祭詞を唱えるのに加え、木の神との交信をおこなうためだと推測した。そして、こうした祈願・祈祷の方法は、アジア圏では国境を越えて存在することがわかったのも、大きな収穫だった。

が、現行の神祭りでは見られない。ただし、石川県では焼畑の収穫祭に猪の頭を供えたり、宮崎県の山間部の神楽《かぐら》でも祭壇に猪の頭を供えたりしている。千葉県の安房地方を中心とするミカリ神事では神前に肉を供えており、神祭りに動物供犠をおこなったのではないかとも考えられている。

吃新祭
古くからおこなわれている節日のひとつで、「吃新《チーシン》節《ジェ》」とか「新米節《シンミージェ》」とも呼ぶ。本格的な稲の収穫のまえに穂摘みをして収穫を祝う行事。旧暦の七月上・中旬（新暦なら八月中・下旬ごろ）で、早朝に稲穂をすこし摘んできてごはんに混ぜて炊き、牛などを屠《ほふ》ってごちそうをつくって祝う祭り。

また、この調査をとおして、新たに考えが広がったことがあった。それが、神木や神樹という樹木にたいする信仰の多様性に関することだった。

長野市の御祭礼の槻は、神を迎えたり送ったりする依代としての信仰であった。しかし、樹木に関する信仰はそれだけでなく、多様なものがあると考えたほうがいいと思うようになった。登岑村での神樹祭祀では、明らかに人間を守護する樹木の神霊が意識されていたからである。

登岑村で祭祀を実見した神樹のすぐ近くでは、幹がつながった木を見ることができた。細い道を隔てて生えている二本の木の幹が、ちょうど「とおりゃんせ」のあそびで手をつないでトンネルをつくるように、道をおおうようなかたちでつながっているのである（写真7）。聞けば、この木は樹形から「男女の木」と呼ばれているそうで、子どもを授かりたいなど、夫婦に願いごとがあるときに願をかけるとのことだった。

写真7　登岑村の「男女の木」
道の左右の木の幹がつながっている。

二本がつながっている木からは、九世紀はじめに中国の詩人・白居易が詠った、玄宗皇帝と楊貴妃の悲恋の漢詩「長恨歌」にある「連理の枝」が思い出されるし、日本でもならび立つ二本の松を夫婦松《めおとまつ》などと呼ぶ例があちこちにある。

登岑村の「男女の木」には、良縁の祈願もおこなわれていて、まさに「双樹」という樹形からの発想をうかがうことができた。

Ⅳ　ミャオ族の神樹祭祀――貴州省台江県方召郷での樹下託宣

中国貴州省でのフィールドワークは、このとき以来現在まで、毎年のように続けている。貴州省黎平県の岩洞鎮《イエンドンチェン》というところをベースキャンプのようにしての調査だが、どこに行っても神樹を探し、そこでの祭祀の痕跡を見てまわるとともに、機会があればこれについての聞き書きをおこなってきた。民族としては、トン族に加え、ミャオ族やその支流に位置づけられるコーチャ族にも広がっている。

二〇〇九年（平成二一年）八月には、ミャオ族の村である貴州省台江《タイジアン》県方召《ファンシャオ》郷の番《ファン》召《シャオ》村で神樹祭祀を見ることができた。

村は、海抜一一〇〇メートルほどの山のなかにある。空港のある貴陽《グイヤン》から東へG60という高速国道を行き、台江県の中心である台供《タイゴン》村をすぎてから東南へ、山道を一二キロほど入ったところである。家数は二一七戸とのことだった。一軒の家族は五、六人が平均的ということなので、この村には一〇〇〇人以上が暮らしていることになる。

小学校や商店などがある方召郷の西端部までは車で入ることができるが、番召へは、さらに山のなかの小径を一時間ほど歩く必要がある。村の子どもたちは毎日この山道を歩いて学校に通っているし、買いものも同じで、都会の生活に慣れた人には暮らしていくのがたいへんなところである。

村人に案内されて番召村へ向かい、集落近くまでくると、二

写真8　番召村入口の神樹
ならぶ2本の杉を、爺・婆とする。

本の杉の大木がならんで立っているのが見えた（写真8）。これがダウセンイギィンだという（ダウは樹、センイギィンは神様の意味）。

この村では、木鼓《もっこ》による先祖祭祀のことなどを教えてもらい、神樹でのお祭りも見ることができた。二本の神樹はお爺さんとお婆さんで、必ず二本一対でまっすぐに伸びた木でなければならないという。

トン族の村では一本の木を神樹としていたので、ミャオ族の神樹の認識はやや異なっているのだろうかと思った。しかし、爺・婆で一対というのは、登岑村で見た「男女の木」と同じ考えかただし、日本にも「相生《あいおい》の松」の信仰があり、ミャオ族以外にも類例を求めることはできる。

神樹祭祀は、神樹に供えるリョンジョンと呼ばれる五〇センチほどの竹ひごに裏が白い赤紙を切って紙花《しか》のように巻きつけた祭具と、赤い紙を人形《ひとがた》に切って竹串にさしたシャァンデイをつくるところから見せてもらった。シャァンデイは、土地神のことだという。

これをつくる作業は、神樹近くのやや広くなった道ばたでおこなわれた。わたしたちが、そばにかがんで写真を撮ったり質問をしていると、何人もの子どもたちが寄ってきて、ものめずらしそうに見ていた。中国の村に入ると、どこに行っても大勢の子どもたちがいて、すぐにわたしたちとなじんでくれる。子どもの人なつこさは、どこの国でも同じである。

神樹祭祀は、ここでも、鬼師を依頼し、鬼師とその補佐をする村の長老三人でおこなわれた。

はじめに、持参した白布の重さを棹秤《さおばかり》で測って確認し、次に、神樹のもとで火が焚か

先祖祭祀
この番召村では、一三年に一度、直径が三〇センチ程度の木の幹の内側をくりぬいて「鼓」をつくり、それに村の家々の先祖神を迎える祭りがおこなわれている。「鼓」は、日本でも神迎えの祭具になっている。

人形
紙を人間の姿に切ったもの。なんらかの神霊の表現であったり、人間の身代わりを表象する。日本でも、さまざまな場面で使われている。

れ、その火に白布をかざしてあぶった。どうして、重さを測り、火にかざすのかは、理解できなかった。このあとに再び棹秤で重さを測るので、なんのためにこうしたことをするのかと聞くと、「火にかざしてあぶったあとの白布は、あぶるまえより重くなっていなければならない。こうして天空から迎えた神は白布に依り憑くので、神が依り憑いたぶんだけ重くなる」という説明だった。この場面では「なるほど」と納得したのだが、神の憑依を重さで判断するとは、なんとも合理的な理解をするものだと、驚きの気持ちもあった。しかも、神は火を目印に降臨するのかという質問にたいしては、「いや。神は、火を焚いたときに天空にあがる煙を伝わって降りてくる」との答えだったので、これも驚きであった。日本でのお盆の迎え火と送り火からいえば、神霊は火を目印に降臨すると考えられているので、同じ作法で神霊を迎えるのだと思ったからである。そして、神霊を迎える火を、番召村のミャオ族のように煙をあげるためと考えるのなら、これまでの考えかたを改めなければならないと思ったからでもある。このフィールドワークによって、従来からの通説の再検討が必要になったのである。また、布に神霊を依り憑かせるというのは、登岑村で見た、鬼師が木の神と交信するために自分の衣服の端切れを神樹に供えることと同じ考えかたがあることになり、これも興味ぶかいことだった。

こうして神樹のもとで神迎えをおこなってから、神樹の前に直径が一メートルほどのワンと呼ばれる丸い箕を置き、その上に先の白布を広げてサイ（米）を供えた。ワンの上には、祭りのまえにつくったリョンジョンとシャァンデイも置かれ、手前には大きなバナナの葉を敷き、その上に五つの皿をならべてそれぞれに酒を注いだ。これも供物である。

その後、鬼師が供物の前、つまり神樹に向かって椅子に腰かけ、タオルをかぶって頭と

サイ（米）
トン族やミャオ族の世界では、日本と同じように神祭りの供物として米が重要なものとなっている。

顔をおおい、小さな声で祭詞を唱えはじめた。長い祭詞はなんだろうと思っていると、鬼師の身体が次第に上下に小刻みに揺れだしたので、神憑《がか》ったのだとわかった。祭詞を唱えることで神憑っていくのである。これについてもあとで聞くと、神憑った鬼師は小さな馬に乗って天空に昇っていったとのことだった。鬼師の魂だけが身体から離れて天に昇っていくのは、シャーマニズムでいうところの脱魂型の神憑りである。

このときの神樹祭祀は、村の安全と村人の健康を祈願する祭りだったので、鬼師は、こうすることで「村に災いをもたらすものはないか」「村人の健康をそこねるものはないか」を天空から探したのである。

ミャオ族の神樹祭祀にはこのような鬼師の神憑りはあまりないようで、同行した中国社会科学院民族文学研究所の王宪昭《ワンシエンチャオ》准教授がずっとビデオをまわしていたのも、印象的だった。

脱魂状態から元にもどる際の修法は見られなかったが、鬼師の意識が元にもどると、神樹のもとで紙銭が焚かれる。この火で線香をともし、神樹の根元に、何か所かにわけて挿していく。神樹の幹にある割れめにも挿していた。

この後、ここでも神樹の元で鶏の首を鎌で切って血を出し、その血を木の幹に塗り、むしった羽根を幹に貼りつけた。いうまでもなく、動物供犠である。そして、紙花のようなリョンジョンと紙の人形であるシャァンデイを神樹の幹に縛りつけて捧げ、バナナの葉の上に供えたお神酒《みき》を鬼師と祭りにたずさわった人たちが飲み干した。日本の祭りでいえば、神との共食である直会《なおらい》にあたるのだろうか。最後に再び紙銭を焚いて線香をともし、神樹のもとに立てて、祭祀は終わった（次ページ写真9・10・11）。

脱魂型の神憑り
神憑りをするシャーマンには、ここのような脱魂型と、外部の神霊がのりうつる憑霊型がある。死者霊が憑依して死者のことばを話す日本のイタコは、憑霊型である。

神樹祭祀にかかったのは一時間ほどだったが、こうして一部始終を見学し終わって考えたのは、次のようなことであった。

この祭りには、神樹に鶏の血と羽根を捧げるなど、神樹にたいする祭りといえる部分があるが、一方では、布を火にかざして天空から神を招いており、樹下での祭り――樹下祭祀――の形式をもつというほうがふさわしい。しかも、この祭りについての聞きとりでは、「病気にかかったときには、家の近くの神樹のもとで、木の神の力を借りて病気にたいする神判を受ける」という説明もあった。そうなると、この祭りは樹下で託宣を受ける神事だともいえる。

写真9　神樹のもとで鬼師が神憑る
頭にタオルをかぶっているのが鬼師。丸い箕の上には神が依り憑く布がある。

写真10　鶏を神樹に捧げる

写真11　リョンジョン（紙花）とシャァンデイ（人形）を神樹に捧げる

Ⅴ　再びトン族の神樹祭祀——保爺の信仰

このように、貴州省に行くたびに、神樹の祭りや信仰の実態を集めている。日本語で説明を受けているわけではないので、ことばだけではなかなか理解できず、できるだけその祭りを見学する機会をつくってきた。

いつもわたしたちを助けてくれるのは、通訳にたのんでいるミャオ族の熊邦東《ションバンドン》さんで、もう一〇年以上のつきあいになる。日本語で「熊《くま》さん」と声をかけると、「なんですか、どうしました?」と優しく応えてくれ、トン族の村でいっしょに新暦の新年を迎えたこともあった。海外でのフィールドワークには、**地元の事情**をよく知り、かつ、わたしたちが何を知りたがっているのかをわかっている人が必要となる。「熊さん」は、そうした仲間のひとりである。

方召郷番召村での神樹調査は、それまで知らなかった神樹の祭りと信仰の資料化ができ、大きな成果があった。いくら書籍をあさっても、こうした実態を知ることはできなかったのであり、実地に学ぶフィールドワークだからこそわかったことである。

幸運だったのは、二〇一二年（平成二四年）八月の貴州省調査のときに、毎回長めに滞在する黎平県岩洞鎮四洲寨《スーチョウチャイ》で神樹の祭りを見学できたことだった（写真12）。ここでの神樹調査はそれまでにも何度かおこない、町のなかにある神樹はすでにほとんど

地元の事情
トン族やミャオ族の言語は、独自のトン語、ミャオ語で、これらは漢語（中国語）とは異なる語族である。民俗独自の文字はもっていない。ただし、現在では多くの人が漢語（普通語）をしゃべり、その文字を使っている。

写真12　岩洞鎮四洲寨の神樹

見てまわっていたが、実際の祭祀を目にするのははじめてのことだった。

鬼師は七九歳になる呉徳福《ウードーフー》さんで、わたしとは旧知の仲だった。しばらくぶりの再会だったが、顔をあわせると徳福さんもすぐに笑顔になり、手をとりあってあいさつした。岩洞へは毎年のように行っているので、友人や知人も多く、いつも親切にいろいろなことを教えてもらっている。

徳福さんには、何年か前に老婆の病気の原因を探すという、これも脱魂型の神憑りに立ち会わせてもらったことがあった。この老婆は、魂が抜けている——宗教学や文化人類学でいう、いわゆる「マナが抜けている」——のが病気の原因で、このマナをもどすまじないも見た。そのマナは身体から出て蜘蛛《くも》になっているので、小さな蜘蛛をつかまえて老婆の懐《ふところ》に入れるというまじないだった。こうしたマナイズムは、日本では沖縄にもあって、沖縄ではこの威霊を「まぶい」と呼んでいる。


祭りは、毎回滞在する宿舎近くにある大木のカエデの神樹でおこなわれた。神樹に、生まれた子どもの保爺《バオイエ》になってもらう祭りであった。保爺というのは「その子を守るお爺さん」ということで、これをたのむと、その子が結婚して子をもつまで、神樹が保爺になると考えられている。つまり、この場合は、特定の樹木の精霊を守り神とする信仰と考えるのがもっとも適切な解釈となる。

神樹は、トン語ではマイパンといい、直訳すると「人が寄りかかる木」という意味だと教えられた。「困ったときの寄るべとなる」ということのようで、この木になんらかの力があると考えられているのがわかる。神樹にはもうひとつ、「クワンマイ」といういいか

マナが抜けている
マナはメラネシアで使われていた用語で、特定の人間や事物がもつ特別な力の源泉と考えられているもののこと。イギリスの宣教師の著書によって、人類学や宗教学の用語として広く使われるようになった。日本語では「いつ」という古語が、この概念をもつといわれている。

保爺
神樹のほか、生まれた年の十干（甲乙丙丁戊など干支に使う）によっては、大きな石、井戸などを保爺とすることもある。石は土、井戸は水を意味する。

たもあって、こちらの意味は「魂木」のことだという。これはまた、「木の精」ともいいかえられるという。

祭りがおこなわれた神樹については、次のような話が伝わっていることも教えられた。

ある晩の行歌坐夜《こうかざや》に、とてもすてきな男子が訪ねてきて、ある女の子と仲よしになった。女の子は男子に、「あなたはどこの人ですか?」とたずねるのだが、男子は「あのへん」と答えるだけで、住まいのある寨《さい》（村）の名などはいわなかった。女の子は、仲よくなったしるしにと、男子に自分で織った腰帯をプレゼントした。すると翌日、この神樹の幹にその腰帯が巻いてあった。これを見て、行歌坐夜にきたすてきな男子は、この木の精霊だったことがわかった――という話である。

行歌坐夜というのは、夜に未婚の女子たちが集まって糸とりなどをしている場に、未婚の男子たちが訪れて男女かけあいの歌をうたうことで、いわゆる「歌垣《うたがき》」のことである。男性たちは、自分らが住む村で女性たちのいる場を訪ねて行歌坐夜をおこなうことは禁じられており、必ずよその村に出かけていった。行歌坐夜のために何十キロも離れた村に行った経験をもつ人がいるし、そこで恋仲になって結婚したという夫婦が何組もある。

いずれにしても、この話は、木の精霊が若者の姿になって女性たちを訪ねるということである。こうした伝承は日本にもあって、木の精霊が若い男性となって訪ねてきて聟《むこ》になる「木霊聟《こだまむこ》」、あるいは逆に妙齢の女性に変身して現れて嫁入りする「木霊嫁入り」のむかし話がある。

日本にもある木霊の話を、岩洞に通いはじめて一〇年たって知ることができた。神樹の精霊が男子となって行歌坐夜にくるという話を聞いたときには、この地には、くめどもつ

行歌坐夜
男女がたがいに歌をかけあう「歌垣」の一種で、夜間におこなわれることから、「行歌坐夜」と命名されている。トン族のうち、貴州省南部地域では集落内の屋内でこれをおこない、貴州省北部では山に登っておこなう傾向にある。日本でも、古代には筑波山などで歌垣がおこなわれていた。

歌垣
日時と場所を特定して男女が集まり、その男女間で求愛の歌をかけあうこと。日本では、八世紀の『常陸国《ひたちのくに》風土記《ふどき》』に筑波山での歌垣が記され、『万葉集』や『古事記』などにも歌垣の歌がある。中国や東南アジア北部には現在もこの習俗があるが、その形式は山に登って歌かけをおこなう以外にもある。

きない民俗の伝承が存在することを、あらためて思い知った。

四洲寨の保爺の話にもどろう。

徳福さんによれば、「きょう、この子の運勢をみると、木の保爺が必要なので、たのみにきました。この子の保爺になって、助けてください。杉の木のようにまっすぐ、カエデの木のように大きく育ててください」とたのむのだという。幼い命は常に危険と隣りあわせであるし、赤ん坊にたいしては、「この子はどんな若者に育つのだろうか」など不安と期待でいっぱいで、親や家族の切実な思いが伝わってくる話である。

写真13 神樹の祭りにもっていくもの
籠のなかの小さな籠に、糯米のごはんが入っている。ヤカンのなかはお酒。

写真14 神樹に保爺を祈願する鬼師の呉徳福さん

写真15 最後に、神樹に鶏を捧げる

神樹に保爺になってくれとたのむときには、子どもが男児なら祖父か父が、女児なら祖母か母が抱き、祈願をおこなう鬼師とその補助をする赤子の家族ひとりが、祭具と雄鶏か雄のアヒル、米、糯米のごはん、酒などをもっていっしょに神樹のところに行く。このとき、鬼師は、あらかじめ赤と緑の紙を切って幣をつくっておく。

神樹のもとに着くと、まず赤と緑の紙の幣を交互に二枚ずつ幹に貼りつけ、その上に紙銭も貼る。神樹の根元には、米を茶碗に入れて上からお金をさしこんだものと糯米のごはんを供え、紙銭を燃やして線香をともして根元に立てる。このあと、鬼師が神樹に向かってやや頭を下げながら、先に記したような祈願のことばを述べる。このことばが祭詞であり、日本でいえば、さしずめ祝詞《のりと》ということになる。祭詞を唱えながら、途中で、袋に入れて持参した雄鶏の首を切って血を出し、この血を神樹の幹に塗り、鶏からむしりとった羽根も幹に貼りつける。そして、根元に置いたコップに酒を注ぎ、紙銭を燃やし、鬼師が供えたお神酒《みき》を飲んで終わる。神樹に着いてから三〇分ほどの祭りだった（写真13・14・15）。

Ⅵ　さまざまな神樹——日本の神樹

一九九四年（平成六年）に長野市で、ある感動をもって知った神樹祭祀からはじまった研究は、その後、中国と並行して台湾でもおこなうようになり、最近ではインドや韓国へと拡大しつつある。一方で、関連する論文を読んだり、古い文献にある神樹の記載を検討したりするデスクワークをくり返しながら、このかん、国内外の各地へ旅するごとに神樹を探し、神樹のことを考えてきた。わたしの研究テーマは日本の民俗文化が中心だが、こうして海外でもフィールドワークをおこなうようになってからは、アジアの民俗文化研究へと領域が広がり、これによって新たな課題の発見をしたり、「アジアのなかの日本」という、これまでになかった視点がもてるようになった。

神樹への信仰や祭祀については、こうして海外に研究領域が広がったが、日本国内でのフィールドワークでも、おりにふれて各地ですすめてきた。

二〇〇七年（平成一九年）八月には、江戸時代中期に現在の秋田県を中心に東北地方や北海道南部の紀行文をのこした菅江真澄の事蹟を追うことと、ムラに災厄が入ってくることを防ぐために大型の藁人形をつくって祀る民俗の確認を目的に、秋田県の角館《かくのだて》（仙北市）から大館《おおだて》市にかけて調査に出かけた。角館の出身でこの地域のことをよく知っている大楽和正《だいらくかずまさ》さんに案内をたのんでの調査だった。はじめての地へ行く場合には、その地域に精通している人に教えを請うのが、まちがいがすくないやりかただからである。

効率よく目的を果たすことができたが、途中で関心のあることが出てくれば目的以外のことも調べるのが、フィールドワークの鉄則といえる。「現地に学ぶ」というのは、こういうことでもある。

現在は同じ仙北市になっているが、角館の北にある旧・西木村《にしきむら》中里では、旧暦の小正月（一月一五日）に、道祖神を祀るサイノカミ堂で「カンデッコ

写真16　仙北市中里のサイノカミ堂と、神樹のカツラ

写真17　カツラの枝にかかったカンデッコ

アゲ」という豊作を願う行事がおこなわれている。カンデッコというのは——いまではほとんど使わなくなったが——風呂鍬《ふろぐわ》の台のことである。縄の片方にイタヤなどの木でつくった鍬台のミニチュアを、もう片方にはサワグルミの木でつくったヘノゴ（男根型）を結び、これを、サイノカミ堂の前にあるカツラの大木の枝に投げあげて引っかける。かけたカンデッコは、時間がたつと縄が朽ちて枝から落ちてしまう。運よくこれをひろって自家の桃や梅の木にかけると、その木の収穫が増えるといわれている（写真16・17・18）。

カンデッコを投げあげるカツラは、サイノカミ堂をおおいつくすほどの大木で、ここに投げあげる行為は、神への奉納である。また、うまく枝に引っかかることが吉であることからいえば、卜占《ぼくせん》とも解釈できる。やや微妙ではあるが、カンデッコの投げあげが卜占といえるなら、巨樹のカツラは卜占をおこなう神樹としての意味をもつことになる。

こうしてフィールドワークによって、神樹の新たな意味づけを考えることができたのである。

二〇〇九年（平成二一年）一月下旬には、神樹信仰ということでまえから気になっていた島根県出雲地方の「荒神森《こうじんもり》」を見てまわった。これも、地元にくわしい島根県立古代出雲歴史博物館研究員の浅沼政誌さんと品川知彦さんが案内してくれたので、多くの「荒神森」を見ることができた。

写真18　風呂鍬（右の3本）
鉄の刃をヘラのような木の台にはめこんだもの。柄とヘラを風呂鍬の台という。

「荒神森」というのは、荒神を祀る場が森になっていることからの名称である。地元では森のことをフロと呼ぶので、「荒神ブロ」ともいう。現地のNPO法人出雲学研究所がまとめた『市民による荒神さん分布状況調査』（二〇〇七年）によれば、出雲地方だけでも一二〇か所ほどが確認されていて、この荒神には、一軒の家で祀る場合、同姓の本分家集団で祀る場合、集落全体やそのなかの組など地域社会で祀る場合とがあるという。

　こうした荒神森を見てまわると、何本もの木があってまさに森になっているところと、大きな一本の木を荒神としているところとがあった。

　松江市古曽志町《こそしちょう》の許曾志《こそし》神社の裏山の森には、一定の範囲にしめ縄が張られ、木々の根元にはたくさんの幣束が立てられていた（写真19）。しめ縄で囲った範囲が荒神森で、根元の幣束は、この神の祭りのときに立てたものである。同様の例は松江市美保関町《みほのせきちょう》に

写真19　松江市古曽志町・許曾志神社の荒神森

写真20　大社町杵築東・命主社境内の荒神森

写真21　阿太加夜神社境内の荒神

写真22　クスの木の神樹に藁蛇を巻く

もあって、ある家が祀る荒神森も木々を囲んでしめ縄が張られ、そのまんなかはこんもりと土盛りがしてあった。しかし、出雲大社に近い出雲市大社町《たいしゃちょう》杵築東《きづきひがし》の命主社《いのちぬしのやしろ》境内の荒神森は、祭場に何本かの木があったものの大木は一本で、この木には祭りのときにつくった藁蛇《わらへび》が巻きつけられていた。荒神森といっても、「森」というには似つかわしくなく、むしろ神樹が一本といったほうがいいと思える例である（写真20）。

神樹一本の荒神は、松江市東出雲町の阿太加夜《あだかや》神社境内にもあった。クスの大木の幹には大きな藁蛇が巻かれ、根元にはおびただしい数の幣串《へいぐし》が立てられていた（写真21・22）。ここを訪ねたときはすでに夕方で、夕暮れのなかで目にした荒神は、その場所だけほの明るく感じられ、大きな藁蛇の頭が目立っていて、恐ろしくもあり、またなんとなく幻想的な感じが漂っていた。根本には小さな石の祠も祀られているが、それは後世になって祀られるようになったもので、本来はクスの大木自体が荒神様であったと思われる。

このように、出雲の荒神森にはふたつのタイプがあることがわかったのだが、前者の木々が多い森の場合も、祭りに藁蛇をつくって幹に巻くところでは、そのなかの大木が荒神様として特化されており、後者の一本の大木を荒神森とするものに相通ずる祀りかたがされている。こうした荒神の神樹は、杉や松、シイ、スダジイ、クスなどが選ばれていて、いずれも冬に葉を落とす木ではないのが特色である。

出雲の荒神森のような神は、その名称や神樹のありかたから、「森神」ということもできる。このことがはっきりわかるのが、鹿児島県などに見られるモイドン、モイヤマ（森山）で、二〇一一年（平成二三年）七月には、川野和昭さんにつれられて指宿《いぶすき》市のモイド

森神
日本では、西日本から沖縄にかけて森神が顕著に見られる。若狭の「ニソの杜」、滋賀県の野神《のがみ》、和歌山県の里森、対馬のヤブサ、シゲチなどで、沖縄のウタキ（御嶽）もこれに相当する。

ン、モイヤマを見て歩くことができた。

モイドンは、漢字をあてれば「森殿」なので、まさに森神というのがふさわしく、実見できたなかでは指宿市上西園《かみにしぞの》のモイドンが圧巻であった。直径二メートルほどもあるアコウの大木をモイドンとして祀っていて、やや離れた場所からこれを見たときには、その名のとおり、うっそうとした森に見えた。ただし、近づいてそのなかに入ってみると、それは一本のアコウで、一本でもモイドンと呼んでいるのがわかった（写真23・24）。木の根元には短い竹の棒を立ててしめ縄を張り、その下には供物がなされているので、この木自体が神と考えられているのがわかる。地元の人たちは現在も、この木の枝や幹は切ってはならないと伝え、旧暦六月と一一月にモイ講（森講）と呼ぶ祭りがおこなわれている。また、指宿市内のモイヤマも、そこには何本かの木があったが、モイヤマとして祀るのは同じように一本の木であった。

こうして「森神」ということができる島根県の荒神森や鹿児島県のモイドンを調べてまわりながら、もっとも疑問に思ったのは、「神樹が一本なのに、なぜ〝森〟というのか」ということだった。森神信仰については、すでに山口県内の事例を中心に研究した徳丸《とくまる》亜木《あき》さんの『「森神信仰」の歴史民俗学的研究』や、谷川健一さんが編集した日本の森神についての論文集『森の神の民俗誌』などがあり、これらはフィールドワークの際にも参考になった。しかし、ひとつの推測を導いてくれたのは、「モリ」ということばをど

写真23　指宿市上西園のモイドン
こんもりとした森に見える。

写真24　上西園のモイドン
アコウの巨樹をモイドンとして祀る。

う解釈するかということだった。

一気に古代に飛ぶが、『万葉集』では「社」「神社」と書いてモリと読ませ、辰巳正明編『万葉集神事語辞典』によると、「神を迎え、これを祀るための聖域全体を指す」（執筆＝城﨑陽子）とある。神道史が専門の三橋健さんも、『万葉集』のモリは「足を踏み入れることを禁じた塞がれた地、閉ざされたところ」（「『万葉集』における「神社」という語について」『國學院雑誌』第一一一巻第五号、二〇一〇年）と解釈している。そして、モリが木々の茂った森という意味になるのは平安時代中期以降であり、『万葉集』の「森」は「しげ」と読むのがふさわしいという。たしかに、清少納言は『枕草子』のなかでいくつかの森の名をあげ、ここには木が一本しかないのになぜ森というのかと、疑問を呈している。また、森をいう「シゲ」ということばは、いまでも長崎県の対馬で使われていて、森をシゲチとも呼んでいる。こうした研究から推測するならば、荒神森やモイドンの「モリ」も神を祀る場をいうのであり、『枕草子』がいうように、神樹が一本あれば聖なる空間としての表示になったと考えられる。このように推測すると、森神を構成する神樹は、本来は結界を示すものであり、結界表示という神聖性からその樹木が神樹となって、祭祀対象となったのだといえる。

おわりに――フィールドワークからの仮説

現在進行中のわたしのフィールドワークには、ここに一端を紹介した「神樹とは何か」のようになんらかのテーマに基づいておこなっているものと、ある地域に限定して、そこ

『「森神信仰」の歴史民俗学的研究』
東京堂出版、二〇〇二年

『森の神の民俗誌』日本民俗文化資料集成　第二一巻
三一書房、一九九五年

『万葉集神事語辞典』
國學院大學、二〇〇八年

に住む人たちがもつ「暮らしの伝承知」――わたしのことばでいえば「経験知」――を中心に、伝承されている「知」の体系、その全体像を叙述する「民俗誌」作成のためのものがある。わたしのなかでは、これらふたつのフィールドワークがいつも並行してすすんでいるのであるが、前者のフィールドワークは、仮説を導きだしての理論構築に直接的につながっている。そこには、仮説化の苦しみもある一方、新たな発見には無類の喜びを感じることができる。この文章を読んで、そうした喜びのあることを感じていただけたら幸いである。

いままで続けてきた神樹のフィールドワークからは、ひとくちに「神樹」といってもこれにはいくつかの性格があることがわかった。神樹信仰や神樹祭祀の体系が構築できつつあるともいえる。それは、ここに書いてきた実践例からいえば、次の七類型である。

①依代としての神樹
②樹神あるいは樹霊信仰をもつ神樹
③特異な樹形によって霊威を意識させる神樹
④樹下祭祀や**樹下託宣**のための神樹
⑤卜占のための神樹
⑥森神を構成する神樹
⑦結界表象としての神樹

神樹のカテゴリーにはこれらがあって、多様な信仰が存在しているというのが、現時点

樹下託宣
よく知られているように、「お釈迦さまは菩提樹のもとで瞑想して悟りをひらいた」というが、これは、樹下で神の啓示、つまり託宣を受けたことになる。これが典型的な樹下託宣である。

での結論である。

最後に、これらについてデスクワークの事例もふくめて加えておくと、依代としての神樹は、奈良時代に編さんされた『常陸国風土記』の久慈郡《くじのこおり》の項には、「賀毗礼《かびれ》の高峯《たかね》」には立速男命《たちはやおのみこと》という「天《あま》つ神《かみ》」が祀られているが、この神は天から降りてきて松沢にある、枝が「八俣」となった松の木に依り憑き、祟《たた》りのある恐ろしい神である――と記されている。山の上の松が立速男命の依代になっているのであるが、ここでは、枝分かれの多いという樹形も特異視されている。つまり、前記の①と③が複合した神樹といえよう。

②の樹神や樹霊についても、日本にも多くの例を見つけることができる。伊豆諸島の八丈島や青ヶ島には、キダマサマ（木霊様）と呼ぶ樹霊の伝承がある。八丈島では、樹木の神をキダマサマ、この神が宿る木をキダマギ（木霊木）と呼ぶが、こうした木はシイの木が多いという（柳田國男『分類祭祀習俗語彙』角川書店、一九六三年）。また、青ヶ島では、巨樹となった杉の木を伐るとキダマサマの祟りがあるので伐らないという。このキダマサマは、明らかに樹霊のことである。

先にあげた中国貴州省の、神樹に保爺になって成長を見守ってもらうというのは、樹霊信仰に基づくが、同じような考えかたは、台湾にもある。台湾では、神樹を「大樹公《ダーシューゴン》」「樹王公《シューワンゴン》」といって崇《あが》めていて、実際に台南市では、幹に猿の姿のような瘤《こぶ》がいくつもあることから「猴霊《ホウリン》樹王公」（写真25）として祀られているガジュマル（榕樹）を見た。こうした大樹公には、子どもの親となって健康を願うことがおこなわれている。

写真25　台湾・台南市の猴霊樹王公

神樹のカテゴリー
神樹に関する研究の先駆者は柳田國男で、一九五三年に『神樹篇』（実業之日本社）という著書を出している。これは一九一五年からの論文をまとめたもので、柳田ははやくから神の木に関心をもっていたことがわかる。ここにあげた神樹類型のいくつかは、すでに指摘されている。

沖縄では、ガジュマルの古木に子どものような「小さ子《ちいこ》」であるキジムナーやキジムンと呼ぶ妖怪が宿っているという。奄美にも、ケンムンという妖怪が宿るガジュマルの伝承がある。さらに同様な伝承としては、日本各地に、天狗が宿る天狗松や、鬼が宿る木などの伝説がある。キジムナーやケンムン、天狗などが宿るということからは、この木は依代となっているとも考えられるが、これらの妖怪には天空から降臨するなどの伝承はなく、現時点では樹霊が妖怪や天狗に変容した信仰と解釈できるのではないかと考えている。

独特の樹形をもつガジュマルについては、インドにも同じような信仰がある。二〇一一年（平成二三年）には、八・九月の二か月間、インドのニューデリーにあるジャワハルラル・ネルー大学で日本の民俗学についての講義をおこなった。このとき、ビハール州出身の受講生ラビ・クマル君とガウリ・シャンカル君から、「校内の学生寮が建ちならぶ一角にある大木のガジュマルには恐ろしい化けものが宿っているので、夜間になるとだれも近づかない」と教えられた。このことはほかの学生たちもよく知っていて、化けもののことを聞くと、みんな同じように答えた（写真26・27）。ガジュマルに宿るのは、コルカタではマムドゥという若い男の化けもので、この木に近づくと、木から肩に乗ってきて首を絞められるのだという。

ガジュマルを神樹とする信仰が奄美・沖縄や台湾にあることは以前から知っていたが、インドにも同様の信仰があるとは驚きだった。これをきっかけにして、ネルー大学のマンジュシュリー・チョーハン教授には、インドではガジュマルのほかに菩提樹やマンゴーなども神樹となっていることを教えてもらい、ガンガー（ガンジス川）の聖地であるヴァラナシやラジャスタン州のジャイプルに行ったときには、多くの神樹を見てまわった（写真

28)。

ひとつずつ例を追加するときりがないのだが、⑦の結界表象としての神樹については、鎌倉時代初期の絵巻『餓鬼草紙』に描かれた土饅頭《どまんじゅう》の上の樹木もこれにあたると考えられる。この絵からは、死者を埋葬し、その墓の上に植樹をするという習俗の存在が推測できる。その樹木が結界を表しているのである。こうした結界表象については、すでに野本寛一さんが『共生のフォークロア・民俗の環境思想』のなかで巨樹の諸相についての体系化をはかっている。ここでは、巨樹がもつ「指標性」という性格づけがなされ、そのなかに「信仰的指標」の例が示されている。それは、神社社叢の木、埋葬地・墓所の木、禁足

多くの神樹
インドの神樹については、『インドの民俗宗教』斎藤昭俊著（吉川弘文館、一九八四年）にもわかりやすく書かれている。

『共生のフォークロア・民俗の環境思想』
青土社、一九九四年。のちに講談社学術文庫『生態と

写真26　インド・ニューデリー
ネルー大学構内のガジュマル。化けものが宿る木。

写真27　ネルー大学のガジュマルの前に立つ筆者

写真28　インド・ヴァラナシ
神樹である菩提樹のもとに、ヒンドゥー教の神々を祀る。神樹への祈願には、幹に赤い紐を巻いて祈る。

地の標木という三つである。傾聴すべき意見であり、フィールドワークから仮説を導き出すには、常に先行研究への目配りも忘れてはならないといえる。

①から⑦までに分類した神樹の類型については、さらにフィールドワークからもデスクワークからも具体例の追加ができるが、ここにさらなる仮説を加えたい。

二〇〇九年（平成二一年）八月に中国貴州省黎平県の岩洞鎮に行ったときにいっしょだった中国社会科学院民族文学研究所の王宪昭准教授から、中国の少数民族には、特定の樹木を先祖としたり、特定の樹木から生まれたという伝承があることを教わった。たとえばマン族の女性は柳が、ホージェ族はギンドロ（白楊樹《はくようじゅ》）が先祖だといい、イ族は梧桐樹《ごとうじゅ》（青桐）、トゥチャ族は楠樹、トーアン族はサザンカ（茶樹）から生まれたと伝えているという。

同様の伝承が日本にもあるのかと文献を調べてみると、南方熊楠が雑誌『民族と歴史』四巻五号（一九二〇年）に「南紀特有の人名　楠の字をつける風習について」を書いている。それによると、南方姓の家では、子どもが生まれると藤白王子社《ふじしろおうじ》（現・和歌山県海南市藤白）にある「楠神」と呼ぶクスの神樹にお参りし、楠、熊、藤などの字をもらって名前につける。自分の熊楠という名もこうして楠神様から授かったもので、病気になったようなときにはこの楠神様にお参りした。これは南方姓に限られているので、南方と楠とは深い関係にあると記している。中国少数民族とまったく同じ伝承とはいえないまでも、南方一族もふくめて特定樹種と民族や一族の系譜関係の存在からは、神樹信仰には、⑧族霊としての神樹というカテゴリーも想定できるのである。

民俗　人と動植物の相渉譜』（講談社学術文庫、二〇〇八年）として再刊されている。

楠神
楠の樹自体を神として崇める信仰。

こうして、神樹のフィールドワークからは、①から⑧までの多様な神樹類型が仮説できた。神樹をめぐるフィールドワークは現在も進行中で、自分としてはまだ道なかばといった感が強い。ここにあげた八つの類型も、研究進展によっては今後変わるかもしれない。この旅はいつ終わるのかわからないが、神樹見聞の旅は、アジア圏もふくめて当分は続けたいと思っている。

小川直之（おがわ・なおゆき）

一九五三年、神奈川県生まれ。國學院大學文学部卒業。現・國學院大學文学部教授。

民俗学との出会いは、益田勝実編『民俗の思想』（筑摩書房、一九六四年）で、高校の図書室で手にした本だった。これを読んだことで進学希望の大学を決めた。はじめてのフィールドワークは、一九七一年五月に國學院大學民俗学研究会の先輩につれられて栃木県黒磯市（現・那須塩原市）百村《もむら》に行き、夏には研究会で長崎県西彼杵《にしそのぎ》郡西彼《せいひ》町《ちょう》（現・西海市）で民俗採訪をおこなった。

＊　＊　＊

■わたしの研究に衝撃をあたえた一冊『古代研究』民俗學篇第一（中央公論社『折口信夫全集』2所収）

柳田國男の民間伝承研究（民俗学）との出会いによって、折口が自らの学問を拓いていく道筋がわかる書冊。大正時代なかばから昭和初期の、折口学の成熟期の論文が収められている。「古代生活の研究」「妣《はは》が国へ・常世《とこよ》へ」「琉球の宗教」「若水の話」「髯籠の話」「信太妻の話」「餓鬼阿弥蘇生譚」「翁の発生」などの各論文は、民俗に底流する思惟の検証へと導いてくれる。

神樹見聞の旅

日本、韓国、台湾の神樹については、李春子《イチュンジャ》『神の木　日・韓・台の巨木・老樹信仰』（サンライズ出版、二〇一一年）がある。すすめたい本である。

折口信夫著

大岡山書店

一九二九年

※書影は、『古代研究Ⅰ　祭りの発生』中公クラシックスＪ９　二〇〇二年

オカボラ奮闘記　沿岸をあるく喜び

——川島秀一

はじめに

広島県呉市の下蒲刈島《しもかまがりじま》の大地蔵《おおじぞう》で、おもしろい話を聞いた。大地蔵の港で、海の天気が思わしくないために早めにもどってきていたエビ網船《あみぶね》にムラの者が訪問して、談笑のさいちゅうであった。船主の半田文明《ふみあき》さんに、かつてのボラ網のことをたずねていくうちに、「四月のボラは右目しか見えない」といういい伝えを教えられた。

ボラは、瀬戸内海の東から西へと沿岸ぞいに動く魚であった。右目だけをたよりに、見える陸《オカ》を探しながら移動するわけだから、大地蔵の目の前の海を東から西へ、岸にそって動いているところを地曳き網でとる。**多いときで五〇〇〇匹から六〇〇〇匹もとった**という。

「片目の魚」についての伝承は、ボラだけでなくカツオにもあった。カツオは、南のほうからだんだん北へ向かってのぼってくるときは左目しか見えず、金華山《きんかさん》（宮城県石巻市）の御灯明の火を拝んではじめて目はふたつになるので、必ずここまではやってくるという。宮城県の気仙沼地方でも同様のいい伝えがあった。カツオは、春には黒潮にのって北

多いときで五〇〇〇匹から六〇〇〇匹もとった
二〇一二年六月二四日、広島県呉市下蒲刈町大地蔵の半田文明さん（昭和一四年生まれ）からの聞き書き。

「片目の魚」についての伝承
柳田國男「一目小僧」『一目小僧その他』（角川文庫、一九七四年［初版は一九五四年］）六六ページ。

へ向かうために、右目が陽にさらされてかすんでおり、これを「ヒナタ目」と呼んだという。見ることができる左目だけをたよりに陸に寄る性質があるので、カツオ船はマツッポイ（まぶしい）ほうへは船をすすめずに、ヒジタ（日下）へと船を流したものだという。

列島の太平洋岸に近づく黒潮のおおよその流路自体が、金華山までは東日本の沿岸と並行して北上し、三陸沿岸の沖より外洋へかたむいて流れることから考えると、この黒潮に乗って動くカツオも、金華山をすぎたあたりからさらに外洋へと離れていくだろうことが理解される。

その現象を漁師たちは、カツオがしばらくは左目だけをたよりに陸にそって北上し、金華山から両目をいただいて、外洋へとのびのびと泳いでいくものととらえたらしい。かつてはカツオ一本釣り漁の基地であった静岡県西伊豆町の田子《たご》でも、「カツオは山を目ざしてくる」といわれ、海際まで山がせり出しているこの地の地形がカツオの群れを呼びこんでいると伝えられている。

たしか紀伊半島で聞いたと思うのだが、ボラも、列島の沿岸にそって移動し続けているという。「退職したら、小型船舶の免許を取得して、沿岸ぞいに民俗調査をしながらあるいてみたい」と思っているわたしにとって、ボラは理想の存在である。それでもいまは、陸づたいに沿岸にそってあるいているようなものだから、さしずめわたしは、陸をあるく〝オカボラ〟である。そのオカボラがどのように沿岸漁村の民俗調査にかかわり、多くの漁師さんに揉まれながら民俗研究をすすめていったのか――。本稿は、自分をオカボラにたとえて綴ってみた、その奮闘記録である。

なぜすぐれた漁師さんを求めてあるきはじめたのかということをひもとくには、わたし

同様のいい伝えがあった　一九八四年二月五日、宮城県気仙沼市本浜町《もとはまちょう》の高野武男さん（明治三三年生まれ）からの聞き書き。

カツオは山を目ざしてくる　一九八七年九月一三日、静岡県賀茂郡西伊豆町田子の椿智欣さん（昭和一〇年生まれ）からの聞き書き。

が故郷の宮城県気仙沼市で出会ったひとりの漁師さんの話からはじめなければならない。

I　尾形栄七翁との出会い

気仙沼市の市史編纂室に勤めはじめてからまもない一九八三年（昭和五八年）、わたしは宮城県教育委員会から文化庁委託の民謡緊急調査の調査員を委嘱された。対象とされた民謡は、それぞれの地域で古くから伝承されてきたものに限られたが、気仙沼市では当然のことながら、漁撈に関する歌の採集が期待された。気仙沼地方には特別な艪《ろ》こぎ唄こそなかったが、大漁したときに船上で古くからうたわれていた「大漁唄い込み」があった。「大漁唄い込み」は、気仙沼湾内ではおもに和船時代のカツオ船やイワシ船でうたわれていた唄であった。大漁をしたときに、オシルシと呼ばれた幟旗《のぼりばた》を立て、艪をこぎながら沖から港に向かってうたってくる唄で、「前唄」と「唄い上げ」というふたつの構成になっている。前唄は、はやいピッチで艪をこぎながら、乗組員全員が調子をそろえてうたい、港が近くなるころから急に船足をゆるめる。艪が静かに海面を打ちはじめると、いよいよ声のいい年高の船頭がひとりで「唄い上げ」を朗々とうたう。この風雨に耐えた声量のある伸びやかな声は、同時に、河岸の前で待つ家族の者に、その日にとれたカツオの量を表示する。

気仙沼市大島の崎浜の例では、カツオ二〇〇匹から四〇〇匹までは「唄い上げ」を三節《ふし》うたい、五〇〇匹から一〇〇〇匹のときは五節、一〇〇〇匹以上は七節となる。船にも陸にも冷凍設備がなかった時代、漁獲量をはやくに陸に知らせることで、陸では、カツオをすぐにも節に加工するための、お湯をわかす釜の数を決定することができた。この唄を耳にした陸の人たちは、もう祭りのような騒ぎであった。いつもは家の暗がりにいる年寄りも争うように浜へ駆けつけ、嫁いできたばかりの嫁も、麦バセ（麦を干すための木組み）のうしろから、帰ってくる亭主の姿を恥ずかしそうに探し求めていたという。

このような「大漁唄い込み」を船でうたった漁師もすくなくなっていた。わたしはようやく重い腰をあげてこの歌をたずねはじめたが、やっとの思いで、この唄を吹きこんだという録音テープを手に入れた。「前唄」のほうは、俗に「斎太郎節《さいたろうぶし》」といわれる唄と近いものだったが、「唄い上げ」のほうは、わたしにはまったくなじみのないメロディとリズムであり、歌詞にいたっては、聞きわけるのがほとんど不可能に近かった。

調査の困難が予想されて、一時、気が滅入ったが、再び気をとり直して、なんとか市内の大島と尾崎《おさき》で録音することができた。唄の理解はあとまわしにして、とにかく、やみくもに「唄い上げ」をうたえるお年寄りを探しあるいた。むかしは、カツオ船だけでなくイワシの舟曳き網でも「唄い込み」という名でうたったことを聞きつけて、わたしは典型的な網漁村であった気仙沼市小々汐《こごしお》（旧・鹿折村《ししおりむら》）へ足を運び、〈仁屋《にんや》〉という屋号の家の尾形栄七翁（明治四一年生まれ）を紹介された。

「唄い込みをうたってくれませんか?」というわたしの懇願にたいして、〈仁屋〉のおじいさんは、最初はきっぱりと「ひとりではうたえないから」といって断った。カラオケなどで、いつでもどこでも、ひとりでマイクを握ってうたわれる雰囲気に慣れていたわたしには、「ひとりではうたえない」という意味がよく理解できなかった。せいぜい、「唄の部分と囃子の部分をひとりでうたうのは、息が切れるのだろう」としか思いつかなかったのである。

だが、その理由のことが気になったので、次にはこの唄の背景になる、むかしのイワシ網のことだけを聞きにいった。ひととおり話が終わってから、わたしはもう一度、おもむろに「おじいさん、まだ『唄い込み』はうたえませんか?」とたずねてみた。すると今度は、「部落長(行政委員のこと)をとおしてくれれば、小々汐のみなさまとうたいます」というご返事だった。

半信半疑のまま、それから何日かかけて、部落長さんの家と〈仁屋〉のあいだを何度か往復して、ようやく場所と日時を指定されてお許しを得た。

場所は小々汐の総本家にあたる〈大家《おおい》〉(屋号名)の別棟で、日時は九月一五日の鹿折村の旧村社である八幡神社の祭典のとき、〈大家〉の前で休まれた神輿が再び巡行のため動きはじめた直後と決まった。大げさになってしまうことが懸念されたが、わたしひとりのために小々汐の大勢の人びとを動員してくださる心意気に、すっかり心を打たれてしまっていた。

録音する予定の前日の晩、わたしは〈仁屋〉のおじいさんから電話をいただいた。「いま、公会堂で練習をしているが、オメに聴いでもらいでぇから、すぐきてくれ」ということだった。いったい何ごとだろうと思いつつ、わたしはとりあえず小々汐の公会堂へ車をとばした。

公会堂の戸を開けて、また驚いた。総勢二〇人くらいの男たちが、一升瓶の酒を中央に置いて、ぐるりと車座になって座っていた。挨拶するのも忘れてたじろいでいると、そのまま上座のほうへ案内され、部落長さんの隣に座るはめになった。そこで、わたしがくるまえに練習していたときの「唄い込み」の録音を聴いて、これでいいかどうか判断してくれとのことだった。

小々汐の「唄い込み」は、翌日にまた録音し直す必要がないほど立派なものだった。しかし、わたしは唄を聴きながら別のことも感じていた。わたしの民謡調査の一件がもちあがったときも、このようにして寄りあって相談して決めたらしいこと、そして、小々汐に集落ができてからこのかた何百年ものあいだ、ムラの問題はいつも、このようなかたちで話しあわれたであろうことを、おぼろげながら感じとることができたのであった。

当日になって、もうひとつ思わぬことに出くわした。うたう直前になって、〈仁屋〉のおじいさんがこっそりとわたしに近づいてきて、「オメさ、ひとつだけお願いがある」と耳元で語られた。「なんですか?」とたずねると、「『唄い込み』は大漁して進ましい（晴れ晴れとした）気持ちのときにうたうもんだ。すこし酒コ飲ませで、いい気持ちにさせてけねべか?」という願いであった。

「むかしどおりにうたってください」というわたしの要望にたいして、これほど誠心誠意応えてくれる尾形栄七翁に、わたしはすっかり脱帽してしまった。しかも、おじいさんのひとことで、わたしの「歌」にたいする考えが一八〇度ひっくり返るほどの、大きな衝撃を受けたのであった。わたしはそれまで、学校教育の音楽の授業で習ったように、音符にそって正確に美しい声でうたうのが、「歌がうまい」ことだと思っていた。しかし、わたしはその瞬間、なにか「歌の本質」のようなもの、いちばんたいせつなものを垣間見たような気がした。わたしは喜んで、おじいさんに杯をわたした。

本番は、昨晩と同様にすばらしいできばえであった。ハヤシ方に二〇人くらいの人が集まってくださり、ヘンヤエス、ヘンヤエスのかけ声とともに「前唄」がはじまった。次にはユイドハーのハヤシの合図で尾形栄七翁の「唄い上げ」がはじまった。背中まで揺り動かされるような、すばらしい声であった。

あれほどなじみのなかった「唄い上げ」も、それからは、わたしの生活から切り離すことのできないメロディとなった。通勤途上、自転車のペダルを踏みながら、思わず鼻歌となって出るのは、この唄であった。就寝時には、必ず枕元に置いた小々汐の「大漁唄い込み」のテープを再生して、子守唄のように聴き続けた。唄だけでなく声にも魅了され、そしていつしか気のついたときは、その声のもち主の人柄にもすっかり惚れこんでいた。

もしかしたら、〈仁屋〉のおじいさんより多くの民謡を覚えている人がいるかもしれない。しかし、いかに多くの唄が採集されようとも、その唄が、いつ、どこで、どのような心もちでうたわれたかを伝えることのできる人物は、非常にすくない。わたしは、「大漁唄い込み」の唄そのものだけでなく、その唄の「意味」を伝え、管理し続けてきた〈仁屋〉のおじいさんに感謝した。

尾形栄七翁（写真1）は、一九〇八年（明治四一年）に、小々汐のザクミ（イワシ網の漁撈長）の家の長男として生まれた。父親の長吉翁は、本家のイワシ網を支えた、名だたるザクミであった。栄七翁が二〇歳くらいのときまでは、まだ艪漕ぎの船が用いられていたが、「大漁唄い込み」は、長吉翁の叔父にあたる長之丞翁から聞き伝えられたという。長之丞翁はじつに声のいい人だったようで、本家のお田植えのときには、一升餅に五升酒をあずけられて、日がな一日、土手で「お田植え唄」をうたっていたという。

写真1　気仙沼市小々汐の尾形栄七翁（1983年撮影）

この「大漁唄い込み」は、子どものころからうたわれる機会があった。正月一五日の小正月の晩に、モノマネと称して、一五歳くらいまでの子どもらが大漁旗を抱え、本家を筆頭として、各家の門口でこの唄をうたってあるくのである（写真2）。年齢があがるにしたがって、「前唄」だけでなく「唄い上げ」もうたうことができた。この行事は、その年の豊漁を祈願するばかりでなく、子どもたちにとっては「大漁唄い込み」を習得する場であり、大人になってからの船上での年齢秩序をも同時に理解する機会であった。

習いはじめのころは、だれでも教科書の音符をたどるようなうたいかたしかできなかったという。それが、船に乗り、何十年と月日を重ねてうたい続けているうちに、自由自在に声をころがすことができるようになるという。〈仁屋〉のおじいさんの唄は、うたい手自身によって磨かれた、そのひとつの完成品であった。

「大漁唄い込み」の「前唄」に関しては、もうひとつうたわれる機会があった。カツオ漁がそろそろ盛りになる季節は、陸では麦刈りがおこなわれたが、麦打ちにうたわれる唄は、ほとんど「大漁唄い込み」の「前唄」と同じである。ムシロの上に刈った麦を広げ、両側にならんで、交互にフルウチ（振い打ち）という棒でたたく作業のリズムは、船上で前後左右、交互に艪を押したり引いたりする作業のリズムに符号していた（写真3）。

写真2　宮城県南三陸町寄木《よりき》のササヨと呼ばれる唄い込み行事（1984年1月15日撮影）

写真3　麦打ちに用いるフルウチ（1985年7月14日撮影）

すべての作業唄がそうであったように、仕事の単調さを慰めるだけでなく、皆でうたってリズムを整えなければ、共同作業そのものが円滑にすすまなかったのである。〈仁屋〉のおじいさんが最初、「ひとりではうたえないから」といって断った理由には、この意味もふくまれていたのである。

しかし、この「大漁唄い込み」は、単に艪こぎという作業を統一する機能だけでうたわれだしたわけではない。すぐにカツオを煮る作業にかからなければならなかった陸の家族に「大漁」を表示すると同時に、陸の神様にも大漁をしたことを伝える唄ではなかったかと思われる。なぜなら、大漁をして港に入るときには必ず、アカ（船に入った海水）を外へ出し、船を軽くしてから、船員のなかのひとりが塩垢離《しおごり》をとる。そして、岬に祀っている神様が近づくと、その者はカツオのホシ（心臓）を「トゥ、エビス！」と大声をあげながら岬へ向かって投げあげた。船が着岸すると、「沖上がり」と呼ばれる冷酒が、陸から船員たちにふるまわれた。冷酒とは神に上げる酒であり、大漁したときというのは小さな祭りにも等しかったのである。それゆえに「大漁唄い込み」は、陸の神様にも届くような伸びやかな声のもち主がうたったのである。

尾形栄七翁は、船に乗るときはいつでも、「オフナダマ（お船霊）、おはようござりす」と、船の神様に声をかけていた。自分の大漁はほとんど神様のおかげだと信じている。神や自然にたいして謙虚であること、これは、〈仁屋〉のおじいさんの信条であるとともに、漁師の本質をものがたっている。

塩垢離
海水を浴びて身を清めること。

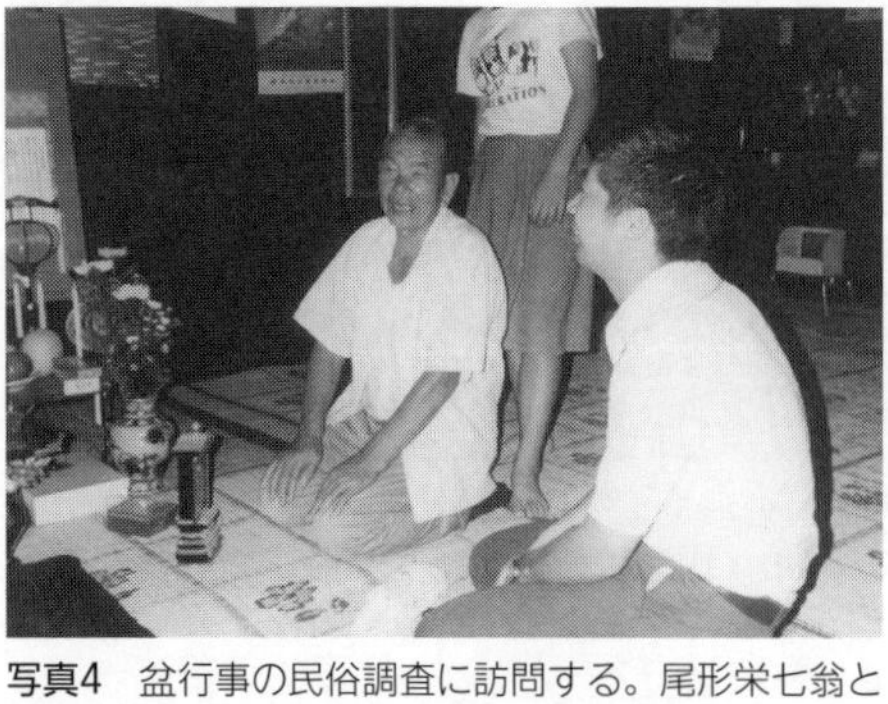

写真4　盆行事の民俗調査に訪問する。尾形栄七翁と筆者（1984年8月13日、撮影：石井正己氏）

「大漁唄い込み」の縁で、わたしは尾形栄七翁と知りあうことができたわけだが、その後も何度となく〈仁屋〉へ通い続け、ほとんど家族同様のあつかいを受けたことは、わたしには身にあまる喜びであった（写真4）。すこしずつ親しくなっていくにつれて、わたしは、ときにはひとりの友人として、あれこれと語りあいたいと願うこともあった。栄七翁もそれを望んでいたような節があったからである。ひととおりの聞き書き調査が終わったあとなど、わたしは家族といっしょにごはんやお酒をいただくことも多かった。しかし、そのときにも、わたしにとっては非常に興味ある話などを語るので、テープレコーダーをそっと自分の背中のうしろに置くこともあった。ある日には、ノートも筆記用具もテープレコーダーももたずにあそびにいったこともあった。このときには、栄七翁が語るはじめて聞く話を記憶して帰り、自宅ですぐにその話を記録した。大学ノートで見開き二ページを埋めることができた。

尾形栄七翁は、「年をとった」ということを「松の木を何度も背負った」と語る人であった。何年か続けて、正月の「お門松迎え」のために、翁の孫たちとともに裏山に登ったことがある（写真5）。一九八五年（昭和六〇年）暮れのことだが、形のいい松を探そうと、長いあいだ藪のなかをあるき続けたため、ひと息入れることになった。

冬の、よく晴れた日であった。青空にトンビが一羽鳴き、葉の落ちた明るい林の向こうに、光輝く午前の海が見えた。わたしは思わず軽くため息をつき、「おじいさん、こうやって苦労してとってくるからこそ、お年神様は尊いんだね」と、口に出してしまった。わた

写真5　お門松迎え（1985年12月撮影）

しは何気なく口に出した自分のことばに驚き、以前とはずいぶん変わってしまった自分自身を見いだした。最初のうちは、おたがいがひとつのことばを説明するにも、暗闇で手を探りあうような聞き書き調査だったからである。

おじいさんはわたしの顔をつくづくと見て、「そんなこといってけんの、オメばかりだ」と答えた。

思うに、神と人間とのかかわりを真剣に考えようと思いはじめたのは、〈仁屋〉のおじいさんとつきあいはじめてからではなかっただろうか。大漁したときの話だけならどんな漁師でもするが、尾形栄七翁は、その大漁が全部、自分の力ではなくて神様のおかげだと思っていた。そのことが、わたしにとって尊敬に値する師として受け入れていったゆえんでもあったからである。

わたしはそのとき、ただのひとことをいい交わしただけであったが、なにか温かいものが流れあった気がして、この陽だまりのなかでずっと膝を交えて青空を仰いでいたいような、幸せな気持ちになった。われわれはもはや、単なる話者と調査者だけではなくなっていた。

Ⅱ　見ている自分と見られている自分

気仙沼市小々汐の尾形栄七翁に出会ったことで、人に会って話を聞くという民俗調査の方法をわたしなりに会得しはじめたころに、忘れられない出来事がひとつある。

栄七翁から、いつものように昔の漁のことを聞いていたときのことである。当時四五歳くらいの、翁の息子の賢治さん（昭和一二年生まれ）が、出船の準備を終えて家に入ってきた。賢治さんは、わたしのそばに置いてあった米の入った袋を見つけて、「こんなところに米を置いて！」と、近くにいた奥さんに向かってどなりはじめた。

その怒りかたが尋常ではなかったので、賢治さんが去ったあとで、目の前のおじいさんに、そっとたずねてみた。

「息子さんは、どうして、あのように怒ったんですか？」

おじいさんは、目を細めてにっこりと笑うと、「オメのそばに、米があったからだ」と答えた。

「あれは、船に積んでいく米でな。オメが、どこだりほっつきあるいでっかわかんねから、怒ったんだ」

くわしくたずねてみると、どうやら原因はわたしにあったらしい。賢治さんは、わたしがいろいろな家を訪ねてお年寄りから話を聞いているのを知っている。なかには、お産のあったばかりの家にも行っているかもしれない。息子さんの危惧はそこにあった。そのような疑いのある男のそばに、船に積む米は置けないのである。「産忌《さんび》、かそった」ともいわれ、漁に悪影響があると考えられており、漁師さんの前で「お産」の話をすることさえはばかられていたからである。

わたしはそのとき、それまでの「見ている自分」以外の、「見られている自分」を発見した。聞き書き調査のなかでは、話者だけでなく自分も対象化しなければならないことを知らされたのである。

調査しはじめのころには自分の無知が幸いして気にもとめなかったことだが、それから

「産忌、かそった」
「産忌に穢《けが》れた」ということ。「産忌」とは、出産をケガレとして忌《い》む観念。沿岸地方に多く、漁師は、家でお産があると三日間は船に乗れなかった。

は、どうもわたしのことばや行為が、むかし気質《かたぎ》の漁師さんたちにとって縁起の悪いことをいったりおこなったりしているのではないかと危惧しはじめた。漁師さんたちとの日常的な関係がいくぶん深まってきたこともあり、たとえば、その顔をしかめたときとか、理解に苦しむ行動をとったときなどは、「わたしのせいなのか?」と、絶えず気になってしかたがなかった。

たとえば、宮城県の気仙沼地方の事例を述べれば、次のようなことがある。

この地方の漁師さんたちは、酒を酌み交わすときなどに、杯を倒したりすることを、あまり縁起のいいこととは思っていない。船がひっくり返ることにたとえてそれを忌んだわけであるが、そのほかにも、「ごはん茶碗を伏せるな」とか「ごはんを盛るヘラを逆まわりに使うな」とかいわれることも、同様の理由によるものらしい。また、酒を飲みあうときに必ず人数分より一個多くの杯をもってくるのは、できるだけ多くの漁を願ってのことなのだそうである。逆に、漁師の目の前にある刺身皿から刺身をもっていかれることをきらったりするのは、魚が減らされることにたとえているからである。ほかには、銚子に入った酒がなくなる最後の杯を受けることを「注ぎきり」といって、とくに漁師はこれを忌むことがある。漁が続かなくなることをたとえてきらうわけだが、逆に、うまく切り離されていない漬けものをつながったままとりあげた場合などは、「漁が続く」といって喜ぶことがある。漁師は船上で食事をするときに、まな板を使用せずに自分の膝の上で包丁を使うことがあり、漬け物などは底まで切れずにつながることが多かった。

総じて、モノが切れること、失うことが、そのまま漁にも通じてしまうことを畏れたわけであるが、「失せもの」と呼ばれる亡くしものでは、とくに船上での亡くしものをきらった。乗船前や乗船後に、どんな小さなものでも紛失することを忌んだわけである。漁師たちの説明では、ひとつには、オフナダマが女性であるために、ケチで、自分の船にあるものをひとつでも失うことをきらっているためだとされている。もうひとつの理由としては、大漁を続けている船などが、とくに箒《ほうき》とかボースリなどの掃除用具を盗まれることは、大漁の運が、その道具について盗んだ者の船へ移ってしまうことを恐れているからだともいう。

ところで、わたしが〈仁屋〉を訪問するなかで、産忌をこうむっているかもしれない可能性のある人間として遇されていることを感じたのは、別の機会にもあった。

気仙沼地方では、旧暦の一〇月二〇日は「エビス講」であり、家々ではドンコ（エゾイソアイナメ）と呼ばれる魚を神棚にあげて祝う。わたしも、〈仁屋〉で祝ったことがあった（写真6）。帰る間際になってドンコを土産にいただくことになり、神様に上げた魚をもらい受けることになった。そのときに尾形栄七翁がやにわに財布を出して、「どれ、その魚、おれが買うから！」といいだした。同じ家の者どうしで商売まがいのことをしてからわたしに魚をわたすのを見て、なんのことかわけがわからず、とまどうばかりであった。

そのわけをおたずねしたところ、神様に供えた魚はただでくれてやることはしないそうであり、とくにさしあげる相手が産忌などで穢《けが》れている場合には、神に供えた魚をとおしてケガレがくれるほうにも移ることを、ことさらに畏れたものであることを教えられた。すなわち、いくらでもいいから金銭を介することではじめてケガレを遮断できると考えたわけであり、わたしが

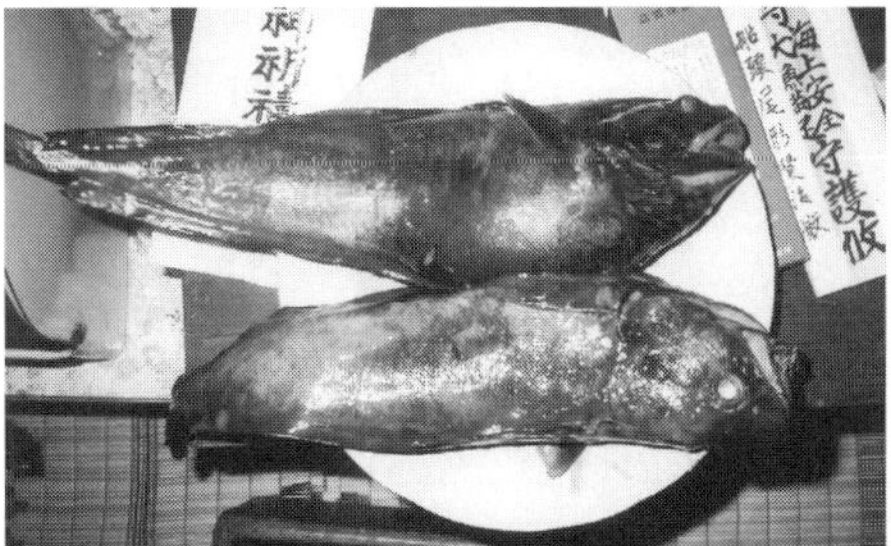

写真6　エビス講のドンコ。腹と腹をあわせて神様に上げる（1984年11月12日撮影）

エビス講で見たことも、その一種の儀礼的な所作にちがいなかった。

大漁をしたときに船主の家のエビス様に上げられるエビスヨと呼ばれる魚も、もらった家の主婦（エビスガアサマとも呼ばれる）が町へ行って換金し、それを蓄えておいて、漁の終了祝いでもあるエビスブルマイのときに、それを酒食に換えてあてがい、乗組員にふるまったという。初漁の魚のことをアズケともいうが、これも穢れさせないために、ケガレのない子どもか年寄りに食べさせるか、あるいはだれにも食べさせないで、町へ売りにいったものだという。これらも、貨幣がケガレを祓《はら》うという呪術性をもっていたことを学ぶのにいい事例であった。

わたしの研究の入口で大きな影響をあたえられた尾形栄七翁も、一九九七年（平成九年）の二月一二日に亡くなった。自分の最期を意識していたか、病室のベッドに横たわりながら「今度ばかりはダメだ」とわたしに語った。わたしは、「がんばってください」とだけ告げてベッドを離れた。部屋から出ようと戸を開けたときに、どこからそんな力が出たものか、「オメもがんばれよ！」と背中の向こうから大きな声をかけられた。「大漁唄い込み」の調査以来、一四年。わたしが耳にすることができた、最後の声であった。

亡くなる瞬間には、わたしは家族といっしょに翁の手を握りしめていた。遺体を〈仁屋〉に運んだときも、まだ体にぬくもりがのこっていることが悲しかった。火葬場には、小々汐の人たちも大勢きていた。かつての部落長はわたしに、「ズンツァンが死んでも、小々汐にあそびにございよ」といってくれた。ある者は、わたしが〈仁屋〉に何度も泊まっていることを知っていたので、「ズンツァンに抱かさって寝てまで話を聞いて、これからだれに聞くつもりや？」と、わたしをからかった。思えば、このような小々汐の人たちがあたたかくわたしの〈仁屋〉とのつきあいを見守っていたからこそ、わたしはこの集落で、さまざまなことを得たのではなかったか。わたしは、彼らのことばを聞きながら、涙をとめるのに必死だった。

わたしに、もし研究に値するものがあるとするならば、それはこの小々汐を原点として得られたものを土台としている。

Ⅲ　カツオ漁の基地をあるく

漁師の根本的な生きかたを教えてくださった尾形栄七翁は他界した。気仙沼では最後の漁師らしい漁師を失ってからは、「この列島のどこかに同じような漁師さんがいるのではないか。できればお会いして、同じようなことを聞き続けたい」と、全国の浜や港をあるきはじめたのである。

尾形栄七翁を亡くす以前からも、わたしは年に数度は気仙沼を離れて、おもにカツオ漁の調査のために、ほかの漁港や漁村をあるくようになっていた。一九八七年（昭和六二年）には西伊豆地方をあるき、翌一九八八年（昭和六三年）にははじめて紀伊半島に足を踏み入れている。

三重県の漁村で最初に足を踏み入れたのは、尾鷲《おわせ》湾の東に位置する須賀利《すがり》である。尾鷲駅に降り立ち、須賀利へ行くために連絡船の桟橋までまっすぐにあるいていると、すぐに船が出る様子であり、船のなかからわたしを見つけた人が手招きした。わたしは、ほとんどころがりこむようにして乗船した。一〇人ほどがようやく乗れるくらいの小さな船であり、いちばんうしろの席に、膝をつきあわせるようにして腰をかけた。しぶきをあげて走りはじめた船の窓からひょいとふり向いたときに見た風景に驚いた。「これは気仙沼と同じ風景ではないか」と。尾鷲の町も、港のうしろに高い山々を背負っていたからである。

二〇分くらいで到着した須賀利も、小高い山の斜面にそって階段上に集落が形成された、典型的なリアス式海岸の漁村であった（写真7）。三陸沿岸から到来したわたしは、故郷とすこぶる似た風景に、驚きとともに安堵感を感じていた。それが、わたしと紀伊半島とのはじめての出会いである。

前述したように、カツオもこの山の影が映る風景を求めて動き、近世になると、それを追った紀州の漁師たちも北上してきた。紀州の三輪崎《みわさき》（和歌山県新宮《しんぐう》市）の漁師などから気仙沼地方にカツオ一本釣りの漁法が伝わったのは、一六七五年（延宝三年）のことである。三陸沿岸を見た彼らも、わたしと同じように驚き、同じように安堵感を得たのではなかったか。末には三陸に定着する者があらわれたのも、この風景のせいではなかったのかと思われた。

須賀利では、一九一一年（明治四四年）に動力船が導入され、大正八〜九年ころには、焼玉《やきだま》エンジン十二馬力の船ではじめて三陸沖のカツオ漁に乗りだしている。須賀利のカツオ船はおもに宮城県の石巻港に停泊したというが、尾鷲の三木浦《みきうら》や古江《ふるえ》という漁村のカツオ船は、同県の気仙沼港に停泊したという。三重県のカツオ船ではじめて気仙沼まで足を伸ばしたのは、度会《わたらい》郡南伊勢町の「宿田曽《しゅくたそ》」（宿浦《しゅくうら》と田曽浦《たそうら》をあわせてそう呼ばれる）の船だと伝えられている。

写真7　三重県尾鷲市須賀利の風景（2004年1月11日撮影）

気仙沼市の大島や唐桑《からくわ》に住む、かつてのカツオ一本釣りの漁師たちは、よくわたしの目の前でその地名を懐かしそうに口にしていた。はじめはどこのことかわからなかったが、「宿田曽」というカツオ漁の基地であることを教えられた。彼らがその後、マグロ延縄《はえなわ》の遠洋漁船に乗って七つの海をまわりはじめると、「ラス・パルマス」（大西洋のカナリア諸島の都市）や「ケープ」（ケープタウンのこと）という地名が、茶の間の会話で使われるようになる。諸外国のことはともかくとして、この列島にある地名のところには訪れてみたいと願うようになった。彼らにとっては、それらは内陸の隣町よりも親しい地名である。気仙沼地方の漁師の、海をとおした空間感覚を、実際にこの体でとらえておかなければならないと思えたからである。オカボラの動きは、すでにはじまっていた。

三重県のカツオ漁の基地にこちらから出かけると、まずは漁師さんから「どこからきたか?」とたずねられる。遠慮がちに「宮城県からです」と答えると、「気仙沼か?!」といきなり返ってくる。三重県の漁師のほとんどは、カツオ一本釣りで気仙沼まできていたからである。海をとおしたネットワークをおさえておかなければならないと思ったのはそれからであり、この「気仙沼」というブランド名を活かさなければならないと思った。

柳田國男は「国史と民俗学」のなかで、「郷土研究」という語について、「郷土を研究しようとしたのでなく、郷土であるものを研究しようとしていたのであった」と記している。つまりそれは、「〈対象〉としての郷土」のもの知りになるのではなく、「〈方法〉としての郷土」を常に使いこなしていかなければならないことを物語っている。

その後も、「気仙沼からきた」といっただけで、伊豆でも三重でも土佐でも、カツオ一本釣りの漁師さんたちは皆一様に、にっこりと笑った。「気仙沼ではお世話になった。い

「国史と民俗学」
柳田國男『柳田國男全集26』ちくま文庫、一九九〇年に所収

い思いをした」と語られ、お酒をごちそうになりながら話がはずんだ。三重県の浜島《はまじま》（志摩市）でごちそうになったときには、その店の奥さんが、宮城県牡鹿《おしか》郡女川町《おながわちょう》の塚浜《つかはま》出身と聞いて、また驚いたことがある。カツオ一本釣りの漁師たちが、カツオだけでなく東北の女性たちも〝釣って〟くることが多いのである。

青春時代の彼らの目に三陸地方がどのように映ったかということも大きなテーマであるが、港にそって動く漁師は、自分の故郷もふくめて、それぞれの地方を相対化する視点と力とをもっている。漁師たちが、自身が船出をした故郷を外からとらえ直す力をもっていることは、オカにしばられ続けている郷土史家よりもすぐれた視点を得ていると思われる。その漁師の目でもって、もう一度太平洋沿岸をあるいてみること、それは、わたしがいつのまにか身につけてしまった方法のひとつである。

つまり、「方法としての港町」の視点を常にもっている、近海漁船の漁師の目をはずすことなく、その目でとらえたモノと、漁師のことばだけを用いて、日本のカツオ漁の民俗にどれだけ迫ることができうるか。わたしはそれを、なかば自分の使命のように感じはじめたのである。それは、海のネットワークを通じた双方からの視点からとらえることであり、「中央対地方」のような構図とは無縁な、海をとおした人びとと文化の交流をとらえることであった。そしてわたしも、その歴史的な基盤にのって調査を開始できたのである。

カツオ船の基地のひとつである三重県志摩市の和具《わぐ》という漁村に、二〇〇一年（平成一三年）の七月に行ったときのことである。「潮かけ祭り」がおこなわれる和具大島へ行くために「どの船に乗せてもらおうか」とうろうろしていると、気仙沼からきたということを聞きつけたひとりの女性がわたしを探しにきた。彼女も気仙沼から嫁いだかたで、夫と

潮かけ祭り
和具で旧暦六月一日におこなわれる大島神社の祭典。和具大島へ渡ってアワビなどの供物を上げた帰路に、船どうし、人どうしで海水をかけあう。

はカツオ船がとりもつ縁だったらしい。彼は、この「潮かけ祭り」で毎年、漁協の監視船に祭りの取材者を乗せる役割で参加している。「渡りに船」というか「便乗」というか、とっさに船に乗せてもらったことがある。

その後、二〇一〇年（平成二二年）に、何度目かの和具に行ったときのことである。この浜では、夕涼みに海女小屋のようなところにお年寄りが集まってくる（写真8）。「そこへ行けば、むかしのことを聞くことができるよ」と教えられて、顔を出してみた。「気仙沼からきた」といったら、海女を経験したお年寄りのひとりが、「そうしたら、うちの父さんの息子かもしれんね」といってまわりの者を笑わせた。和具では、妻が海女で夫はカツオ船の漁師という組みあわせが多く、夫は家を離れて各地の漁港にいるほうが多かった。この嫗《おうな》のひとことが、気仙沼と和具との関係のすべてを語っているような気がした。嫗はさらに「どこか面影がある。いい男だったよ」と冗談をつけ加えられたので、まんざら悪い気はしなかった。

二〇一一年（平成二三年）の晩秋にも、三重県熊野市の磯崎《いそざき》で、カツオ漁が縁で気仙沼から嫁いできた間部《まべ》花子さんにお会いして、長らくお話をうかがった。玄関口で気仙沼の者であることを紹介されると、「まぁめずらしい。どうぞあがりなさい」といわれた。この磯崎のコブ巻き（海苔巻きの海苔の代わりに昆布で巻いたもの）は、気仙沼市の唐桑から嫁いだ女性がはじめたとも伝えられている。

わたしの小中学校の通学路は、各地の船が係留している魚町《さかなまち》の河岸をあるいて通う道であった。船に記している船名と地名は、見知らぬ土地に

写真8　和具の浜の海女小屋で（2010年8月28日撮影）

ついて想像と夢とをあたえていた。子どもたちは、肩で風をきって港を闊歩する各地の船方たちとすれちがいながら、彼らを畏れ、そして敬いながら、まだ見ぬ海上の世界にあこがれたものである。後年、わたしは『カツオ漁』という書を出すことになるが、その書は、近海で操業する漁師にたいして畏れと敬いをそのままもち続けた少年の心で、全国のカツオ漁師さんたちに会って編集したものである。漁師さんたちにたいして関心を寄せながらも離れているような距離感が、研究としても苦慮なく重ねあわせることができたものと思われる。

『カツオ漁』法政大学出版局、二〇〇五年

西南地方のカツオ船が気仙沼港に着くと、魚市場で漁師さんと腰をおろし、さまざまなことをお聞きすることができる。これも、この漁港があたえてくれた、思わぬ調査方法のひとつである。海から照り返される光の輪が日焼けした漁師の顔に揺れるのを見ながら話を聞きはじめると、いつのまにか録音テープは静かに終了の音を立てたものである。

そのような機縁で知りあったカツオ一本釣り漁の船頭さんのひとりに、高知県高岡郡中土佐町《なかとさちょう》久礼《くれ》の順洋丸船主の青井安良《やすよし》さん（昭和二一年生まれ）がいる。仕事で気仙沼にくるたびに、「いっぱい、やろか」と必ず電話がかかってきたものである（写真9）。二〇一一年の東日本大震災のおりには、わたしの携帯電話の留守番電話に「心配しています。連絡ください」という同じメッセージを七度も入れてくれていたのを、電話の機能が回復してから知った。

写真9　わたしにカツオを届けた後、第十八順洋丸に乗った元船頭の青井安良さん（2008年10月撮影）

震災後にはじめて青井さんと久礼でお会いすることになったときのこ

とである。久礼の港の防潮堤の上にも、夕方になると人が集まっている場所がある。青井さんは、そこから体を伸ばして、わたしが浜のほうからあがってくるのを見ていた。震災で被災したわたしに「どんな顔をして会ったらいいのか、わからなかった」と、彼はそういって迎えてくれた。

若いころから気仙沼の町と親交があったカツオ一本釣りの漁師さんたちは、今回の東日本大震災ですくなからず衝撃を受けている。彼らの思い出の地でもある三陸沿岸の港は、いっさいが大津波で流されてしまったからである。いまでは親しく「安《やっ》さん」と呼んでいる元船頭さんと酒を飲みながら、かつてのにぎやかだった気仙沼港の話をしていると、悲しみや悔しさの感情があふれだすまえに涙が出てきてしまうがなかった。

気仙沼港の話
川島秀一『津波のまちに生きて』（冨山房インターナショナル、二〇一二年）を参照。

Ⅳ　漁船に乗りこんで

漁師さんたちからの聞き書きだけでは理解が不十分と思われるのは、沖での船上の操業の様子とその生活である。しかし、操業中の漁師さんにはなかなか声をかけられるものではない。船上で操業のじゃまにならない、それでいて全体が観察できる位置となると、多くは海上に船を留めているときのデッキ（操舵室）の上である。そこを動かずに、つぶさに観察しながら、理解のできなかったことや疑問点をノートに書きこみ、船から降りてから漁師さんに聞く方法を用いた。

宮城県気仙沼市小々汐の尾形栄七翁が船主であった第八漁栄丸《りょうえいまる》には、船による参詣のときだけでなく、実際の操業にもつれていかれた。

五月のシラス網は、集魚灯にシラス（イカナゴ）を集めてから掬《すく》い網でとる、夜の漁であった（写真10）。岩礁の海岸線にそいながら集魚灯のライトを照らすと、昼の海の色からは想像できないコバルト色の海が、闇のなかから鮮やかに、ぽっかりと、のぞけて見えた。同じ漁をする船が何艘も出ているらしく、遠くにはいくつもの光の環が見える。遠くから見ているとまるで巾着袋の口から金粉が風にふきこぼれているように見えたのは、ライトに集まったカモメの群れが上へ下へと飛びまわっていたためであった。

漁栄丸が唐桑半島のヒル島にきたとき、栄七翁の長男の賢治さんが、突然「マァカチョー！」と大きな声でいって笑った。「マァカチョー」とは「ざまあみろ」という意味であるが、漁栄丸がヒル島で体験したある出来事について、ひとことで語ったのである。

——むかし、漁栄丸がヒル島でシラスを見つけたところ、ほかの船が近づいてきた。その船にシラスを発見させたくないために、故意に船をシラスのないところへ移動させて、さも漁があるようなそぶりをして注意を引きつけた。ほかの船もその気になってあとを追い、網をおろしたのを見届けたあとに元のヒル島にもどって網を曳いて、シラスの大漁をしたのである。そのときに、ほかの船に向かって投げつけたことばが、「マァカチョー！」であった——

〈仁屋〉では、同様の状況について説明するときに、この「マァカチョー！」というひとことで通じた。漁船においては、過去の大漁した場所に行くたびにその状況が思い出され、語り伝えられるものであることが、船に乗せられたことではじめてわかったことのひ

写真10　シラス網を操業中の漁栄丸（1988年5月撮影）

とつである。

秋のイカ釣り漁のときにも、漁栄丸に乗せていただいた。体調がいくぶんすぐれなかったせいか、このときはすぐに船酔いをしてしまい、船底に仰向けに横たわりながら、板子の上にも地獄があることを痛感した。イカの夜釣りの様子を写真に収めることが目的で乗船したわけであるから、未明にはなんとか自分に鞭打ちながら船底から甲板に這いだしてきて、カメラのシャッターをきった。まだ夜が明けぬ暗闇のなかで、イカ釣り船のライトだけの光を受けながら、網を巻く機械がまわるごとにあがってくるイカと、それに群がるカモメだけが白く浮きあがって見えた。わたしは、血の気を失った顔で必死に船べりにつかまりながら、目の前の甲板にたたきおろされるたびに鳴くイカの声を、生まれてはじめて耳にしていた。

板子の上にも地獄
通常いわれる「板子一枚下は地獄」とは、船の板一枚下は、落ちれば死につながる恐ろしい海であることから、船乗りという仕事の非常に危険なことをたとえている。

当時八〇歳近くになる栄七翁も乗船していて、当人だけは機械のそばの船べりに腰をかけて釣り糸を垂らしていた（写真11）。イカが機械からとんできてキイキイ鳴くたびに、おじいさんは「友つれてこう！　友呼べ！」と、イカに声をかけていた。ぼんやりとした頭のなかで、そのイカの鳴き声とそれに応じるおじいさんのことばを、不思議な心もちで聞き続けていたのである。

このことについて、あとで栄七翁におたずねしてみたところ、イカが次々と釣れてくるようにと願うことばであったらしく、唱えごとともかけ声ともつかぬが、自然と口に出ることばであったらしい。漁師のことばにたいする考えかたが典型的に表れ

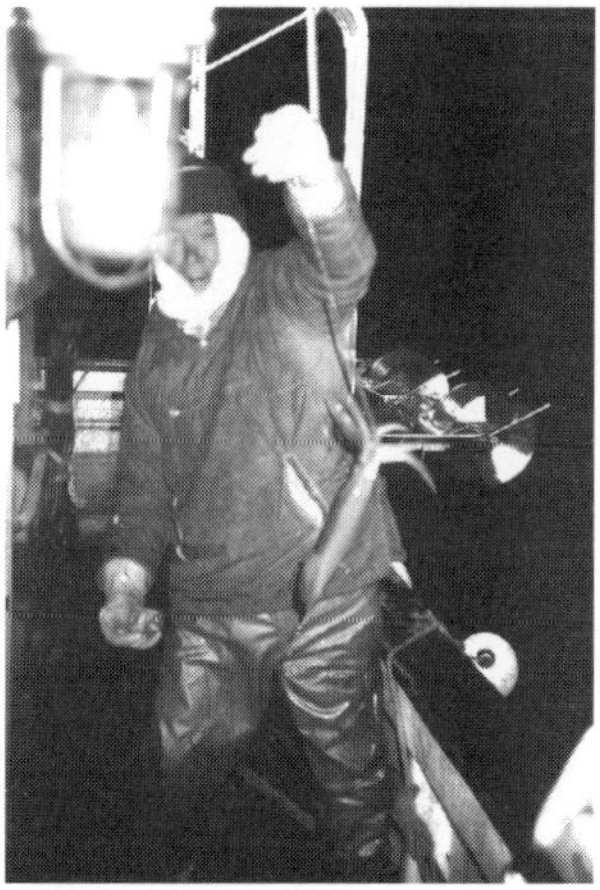
写真11　イカ釣りをする尾形栄七翁（1987年11月撮影）

るのはこのような場合であり、ことばが現実を変えうる力をもつということを認めているのである。この考えかたは、大漁のような幸いを呼ぶ場合に積極的に利用されるだけでなく、逆に日ごろから縁起の悪いことを口にしないようにするというような、消極的な発想をも支えている。ことばの呪力を認めている点で、漁師くらいことばにたいしてきめこまやかに接している人たちもいないであろう。このことも、船上で実際に観察して得たことのひとつである。

V　大掛網乗船記

漁村や漁撈の民俗を研究するにあたって、漁船に乗ることの価値を真剣に考えることになったのは、伊豆七島のひとつ新島《にいじま》の若郷《わかごう》で二〇〇六年（平成一八年）まで本格的に操業されていた「大掛網《おおがけあみ》」という追い込み漁と出会ったときのことである（写真12）。若郷も、気仙沼市の小々汐や中土佐町の久礼といった漁師町と同様に、わたしにとって第二、第三の故郷とも思えるような漁村である。

沖縄の糸満系漁民が伝えたとされている大掛網に乗船したのは、本格的な漁を閉じる最後の年であった。最初の試みとして、若郷の漁師さんたちからの聞き書きをとおしてまとめた「新島村若郷の大掛網　「シオを捕る」という漁撈について」という短い論文を発表してみた。実際の大掛網を見ていないので、まとめるにはすこしはやいかなと思いながらも、心が満たされていく思いにまかせて書きあげた文章であるが、その想像力には限界があった。

「新島村若郷の大掛網　「シオを捕る」という漁撈について」『東北民俗』第40輯、二〇〇六年大掛網に乗るお世話をいただくことになったのは、生涯の大半を海に潜って魚とつきあい続けてきた「潜り船頭」のベテラン漁師の石野佳市《けいいち》さん（昭和二二年生まれ）である（写真13）。論文発表後に新島にわたったとき、石野さんはわたしを助手席に乗せて運転しながら、「見てねえと、モノは書けねえよ」と、いつになく強い語勢でいい放った。このひとことが、わたしの論文をていねいに読んでいただいた彼の感想であった。

個々に誤解があったことをのぞけば、石野さんがわたしの文章に不満をおぼえたのは、次のようなところである。たとえば、「基本的にはナカラビ（干潮と満潮のあいだ）のころが漁にいい」とか、「シオの流れに直角に網を入れていく」などの文章に表れている、「基本的」とか「直角」というような決めつけるような叙述の箇所である。

写真12　新島の大掛網。潜水士が、タカベやイサキの魚を追いこむ（2006年8月1日撮影）

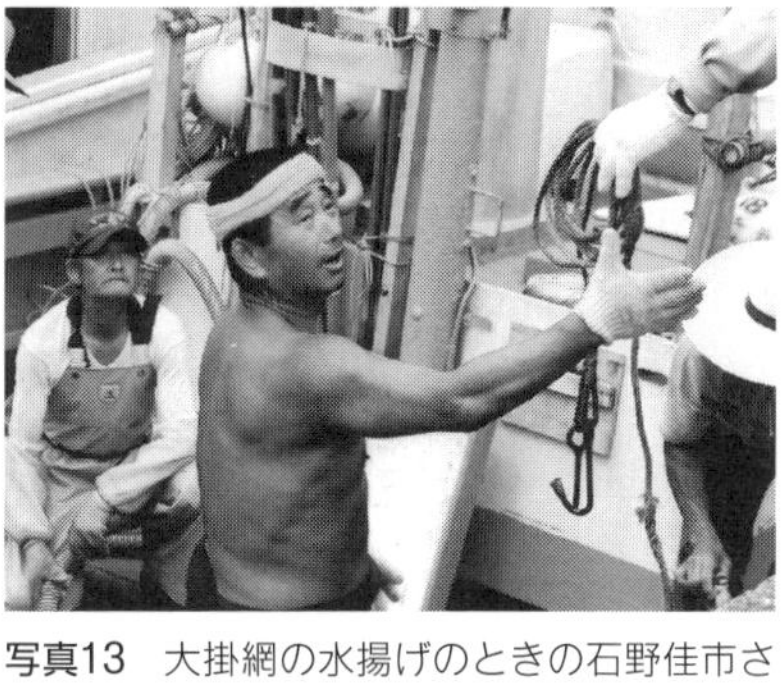

写真13　大掛網の水揚げのときの石野佳市さん（2006年7月31日撮影）

石野さんによれば、これは漁場《ぎょじょう》によって、あるいは網の入れかたによってちがってくるという。とくに大掛網は、人間が潜って魚を追うという豪快な漁である半面、シオの方向や強さ、時間によって刻々と変わるシオの変化、「水色《すいしょく》」と呼ばれる海中の透明度、漁場の海底地形、風の強さなどによって、魚の動きが毎日ちがう、むずかしい漁法である。

毎日、魚の動きがちがうからこそおもしろいという大掛網の基本を忘れて、わたしは一般的なことを述べてしまったのである。これは大掛網に限らず、海が毎日ちがうから漁がおもしろいと語る漁師さんはこの列島に数限りなくいる。彼にいわせれば、わたしのような考えは「オカ者（陸上に暮らす者）の考え」であった。しかし、そもそも〈研究〉とか〈学問〉と呼ばれるものは、その一般性や法則性を見いだすのをひとつの目標としていることも否定できない。

ようは、聞き書きのみにたよらず、実際に参与観察することが必要であった。〈民俗学〉という学問は、そもそも文字にのこされていない文化を対象にしているために、「聞き書き」という研究現場を聖化しがちである。しかし、耳だけでなく、現在起きている出来事を目で見て、匂いを感じ、あらゆる感性を総動員して記述するのが肝要であった。そのことが、わたしが大掛網に乗船することになったいちばんの理由である。

さて、その大掛網に乗るということがわたしの大きな目標になってから、石野さんはわたしを船に乗せる計画を立て、その段取りもしてくれていた。わたしははじめにカケダシ網船《ぶね》に乗り、その船が網をおろしたあと、ガラ船《ぶね》と呼ばれる、潜水士を潜らせては拾い乗せる役割をする船にとび乗ることになった。この「とび乗る」ということばにこだわったために、わたしは大きな失敗をすることになる。

網を入れ、潜水士たちが続けてとびこんで、魚を袋網へと追いこむわけであるが、その潜水士たちが乗っているガラ船がカケダシ網船に近づき、わたしが先にいわれたように〝とび乗る〟番になった。一刻を争うものと思い、義経の八艘跳びのようなことなら小さいころから自信があったので、ガラ船が近づくやいなや喜んでジャンプしようとしたら、いきなり石野さんに強く抱きおさえられた。

船が寄せているときに、船べりに手をついてとび乗ることは、ふたつの船に手をはさまれる、あるいは船と船のあいだに落ちるという危険がつきまとうことでもあった。もし、わたしが漁師志願の若輩者であったら、どなられていたところである。

わたしたちオカ者は、漁撈の写真や映像のみに影響され、魚をとるときの敏速さや豪快さだけが心に植えつけられているらしい。大掛網の大船頭《おお》にとっては、どのように網を入れたらいいか考えめぐらしている時間ではあるが、そのような船上の、もうすこしゆったりとした時間も感じとらなければならないと思った。船が寄せあったら、船べりをとおしてゆっくりと足で渡ればすんだことであった。

ところで、このわたしの跳躍事件には、もうひとつ困惑させられたことがあった。夕方、船から降りたあとに、その日の朝からの操業の順番を、例のごとく石野さんからていねいに解説してもらっていた。例のガラ船がどのような理由でカケダシ網船に近づいたのかを聞いたところ、石野さんは急に眉間に皺を寄せて、「センセイを乗せるためですよ！」といい放った。わたしの安全のためではあろうが、このことばに驚いてしまった。いつものような操業の様子を外側からただ観察したいということを懇願して乗りこんだ船である。まさか、わたしひとりのために船団の動きを変えるなど、想像さえしていなかった。わたしはこのときにも、観察すべき対象のなかに自分も組み入れられていることを知った。わたし自身も対象化しなければならなかったことだったのである。

二度目に乗船したときには、鵜渡根島《うどねしま》の近くで、石野さんがイサキのセリアゲを発見した。セリアゲとは、魚が海面近くに寄りあがっている状態をさすが、海面が赤く見えるほどであった（写真14）。

船上からイサキを発見した石野さんは、すぐに小指で両耳にツバをつめ、赤い手ぬぐいを頭に結び、一眼鏡を顔にあてて、「見ていてくれよ！」といいのこして、海にとびこんでいった。むかし、潜り船頭としてアラミ（魚見）をおこなっていたころを彷彿とさせる、すばやい行動だった。

海上から両手で船に合図をおくったあと船上にもどってきた石野さんは、「イサキのあんなセリアゲを見たのは、生まれてはじめての経験だよ」と、すこし興奮気味に語った。四〇年以上も潜っていた人にもはじめての経験があり、これが大掛網のおもしろさとも思えた。

わたしは、このひとりの漁師さんと新島で出会い、いままでわたしが蓄積したものを根本から問い直されているのを感じた。だれのために、なんのために、〈民俗調査〉なるものを試み、文章にまとめなければならないのか。その調査なるものは、どのようにしておこなわなければならないのか。それらを一から考えなければならなくなったのである。そんなことをぼんやりと考えていた、漁を待つあいだの静かな船上には、対岸の山で鳴くセミの声がしきりと鳴り響いていた。

『追込漁』の第六章「新島の大掛網」（図1・2）は、石野佳市さんとの共同執筆に近い

『追込漁』法政大学出版局、二〇〇八年

写真14　鵜渡根島でイサキの群れをさがす石野佳市さん（2006年8月4日撮影）

ものがある。できあがった原稿を送ったあと、直接お会いしての校正が三回、電話での校正が四回におよんだ。七回の校正がおこなわれたわけだが、生涯において、こんなに自分の文章が厳しくたたかれたことはなかったと思われる。

石野さんは、「大掛網についてこんなに深く書くとは思っていなかった。これはほんとうに漁そのもののことだよ。ここまでやるんだったら、おれにもいいたいことがある」と語られ、一字一句、徹底的に検討してくださった。とくに表現がむずかしかったのは、操業の様子についてである。大船頭の内面まで立ち入っての叙述も期待された。

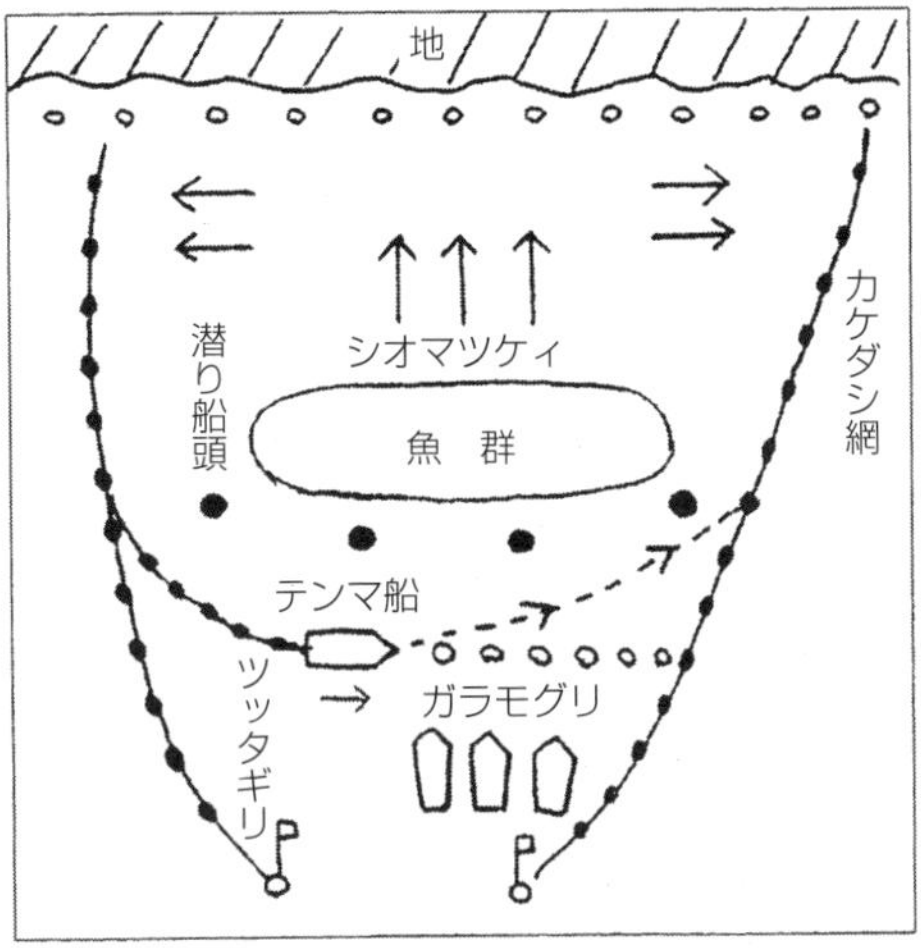

図1　昭和30〜40年代の大掛網

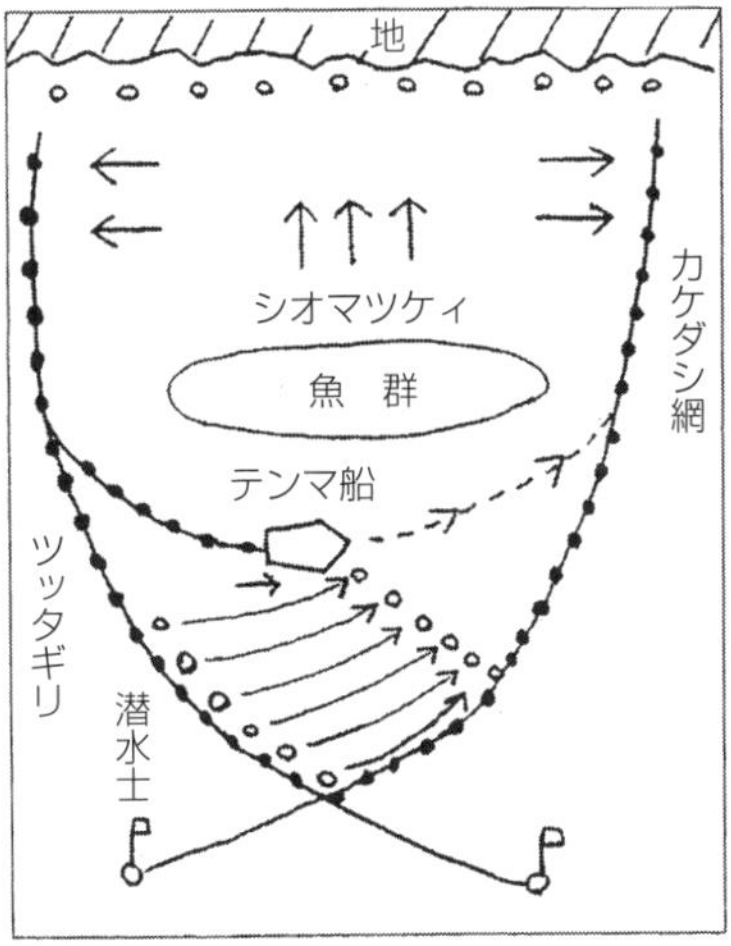

図2　昭和50年代からの大掛網

（上下ともに川島秀一『追込漁』法政大学出版局、2008年より）

たとえば、「網をはぐ」ということばの説明として「網をつなぎあわせることである」と書いたところ、「センセイ、こんなことは書かなくてもいいんじゃねえのかな」といわれた。わたしも「接《は》ぐ」という動詞は知ってはいたが、一般の読者を想定して説明の記述をしたかった。しかし、日常的に話している石野さんにとっては、たしかに蛇足の説明に思えたのだろう。

また、電話で何度も操業の様子を聞きながら理解しようとしたときに、「この電話のあとで、自分で図を書いてみたらわかりますよ」といわれて電話を置かれ、宿題をあずけられた生徒のような気持ちになったこともある。ただ、そのような過程を踏んだこの「新島の大掛網」の章は、語っていただいた漁師さんからも太鼓判をおしていただいた、自信のある記念すべき文章となった。

潜り船頭を長年経験してきた石野さんは、「追い込み漁の自分の信念はね、自然の理に叶うという考えでやってきた」と語っている。たとえば、最初に入れるカケダシ網を地へ向かって末広がりに入れることで、魚を網のなかへ自然に誘導したり、赤茶色の網を多くして自然と魚が網に入るようにのぞんでいることなどが、その具体例である。

また、同時に「その日の魚との格闘で、自然の流れに勝つかどうかだと思う」とも語っているが、自然と真っ向から格闘することではなくて、どのように人間が自然の力を引き出して大漁に導くことができるかということである。それは、「魚をとることは、シオをとること」という大掛網の基本に立ちもどって考えることであった。そして、身ひとつで魚を追う自分をも自然の一部として、全体をとらえる力を感じとれる表現でもあった。

その後、この石野さんとも長いつきあいがはじまり、東日本大震災のおりは多大なる支援をいただいている。

Ⅵ　時間の差から空間の差へ

大掛網のように、いつのまにか自分も組み入れられてしまった乗船体験は、ほかにもある。

二〇〇八年（平成二〇年）の初冬、三方湖《みかたこ》（福井県）でのコイのタタキ網漁の調査のために鳥浜へ行ったときのことである。初対面の増井増一《ますいち》組合長（昭和二二年生まれ）からいきなりカッパズボンと長靴を手わたされ、「センセイはそっちの舟に乗って！」といわれて、いつものことながら状況がのみこめないまま小舟に乗った。

三方湖に集まった六艘の小舟が、漁場でならぶ順番をクジで決め、午前中をどこの漁場にするか、皆で相談しあう。増井組合長が最終的に漁場を決めると、六艘の舟は、クジで一番をあてた舟から順番に、岸から湖のなかほどを目ざして網を入れていく。すべての網が入れ終わったあと、次には逆方向に、すこしずつ舟のスピードをあげながら、四〜五メートルの青竹をもって舟の左舷側から水面をたたいていく（次ページ写真15・16）。わたしは、前組合長の松村勇さん（昭和一〇年生まれ）の舟に乗せられた。

「午後まで舟に乗せてくれというやつははじめてだ」といわれながら、わたしは午後のタタキ網にも乗せてもらった。午前の操業開始のときに見逃してしまったので、「クジはどうするのですか?」と、午後にはじまるときに聞いてみた。すると組合長は、「センセイは、きょうはウチラの仲間や」といって、わたしに番号が書かれたカードを手わたした。

それを裏向きにトランプのようにきってから、組合長が参加している漁師の名をひとりずつ呼びあげる。わたしにふりあてられたのは、組合長の声に応えて一枚ずつカードをめくり、「何番」と声をあげる役目であった。クジ引きができるだけ公平におこなわれることを目ざすとするならば、利害関係のないわたしのような突然のよそ者のほうがふさわしかったにちがいない。

三時すぎに鳥浜にもどったとき、組合長が突然、こう切りだした。

「センセイは、酒が飲めるのか？」

「はい」

「それはちょうどよかった。今夜、松村さんにつきあってくれ」

「組合長は？」

「オレは下戸や」

鳥浜では「疲れた」ことを「ホックリした」というが、このことばからは、心地よい疲れという意味が伝わってくる。その夜、深酒もしたが、この新旧ふたりの組合長からは、じつに楽しく、深い話も聞いた。いつのまにか、ホックリして寝てしまったくらいである。

この三方湖の増井増一組合長（昭和二二年生まれ）からも東日本大震災の年に福井の新米をおくられたが、先に述べた中土佐町久礼の青井安良さん（昭和二二年生まれ）や新島の石野佳市さん（昭和二二年生まれ）、それから追い込み漁の調査のなかで出会った鹿児島県甑《こしき》島の北薗安市《やすいち》

写真15　三方湖のタタキ網。舟を全速力で走らせ、青竹で水面をたたく。翌年も乗船した（2009年12月15日撮影）

写真16　網おこしのとき、増井組合長は網からタモのなかへコイを移した（2008年12月2日撮影）

さん（昭和一九年生まれ）や同県沖永良部島《おきのえらぶ》の山畠貞三《ていぞう》さん（昭和二〇年生まれ）など、わたしが現在、信頼を寄せて、師と仰ぐ漁師さんたちは皆、すくなからず同じ世代である。わたしの年齢からすれば、わたしの聞き書きの話者は、兄貴の世代にまで縮まっていたのである。

気仙沼市の尾形栄七翁（明治四一年生まれ）は、わたしとの歳の開きからいえば、祖父としては若く、父としては老いすぎているような年齢であった。

最初は、真顔でさまざまな突飛な質問を投げかけるために、家じゅうの者に笑われ、「オライ（オレの家）のオンツァマくっと、おもしいなぁ（おもしろいなあ）」と、ときどき実家に顔を出すオジサンあつかいをされた。ところが、通ううちに、次第に栄七翁からは「ホマチ息子」と呼ばれるようになった。〈仁屋〉での位置はオジサンあつかいと変わらないが、ホマチとは「へそくり」のことで、ないしょでつくった息子にお世話になっているという意味が加えられている。「オンツァマ」から「息子」に呼称が変わったことは、翁のわたしへのたいしかたが大きく変わったことを意味していた。

そして、同じ気仙沼に住んではいたものの、その年齢の開きが、尾形栄七翁が抱えている世界にたいするさまざまな驚きを生じ、その違和感がまた研究心をあおる要因にもなっていたはずである。わたしが齢を重ねるごとに、聞き書きの話者との年齢差はどんどん近くなり、かつての違和感が薄らいでくるのも道理であった。

しかし、気仙沼を離れて多くの漁村をあるくうちに、自然と空間的な違和感のほうに興味が移っていった。聞き書きの話者がたとえ同じ世代に近くなっても、わたしは十分に手応えのある話として聞くことができたのである。

尾形栄七翁からはヤロコ（青年）や息子くらいに思われていた呼称が、いつのまにか先にあげた漁師さんたちは皆、一様にわたしのことを、「漁のことは何もわからない」という意味もふくめて「センセイ」と呼んでいる。しかし、彼らはそれでも、わたしをはぐらかしたりしないで真正面に向きあって、漁の実状を教えようとしている。この距離感もまた、フィールドワークには大事なことである。なれあいによるだけでは、いい話は聞くことができない。わたしは、気仙沼で民俗調査をはじめたときは、このなれあいだけにたよろうとした。しかし、あえてテープレコーダーを相手とのなかほどに置くことで、多少の緊張感がわたしにも相手にも生じて、わたしの場合は結果的にいい話を聞くことが多かった。

そのような距離感をもたらし、研究心を旺盛にさせる、聞き書きの相手との年齢による時間の差は、次第に相手との生まれ育った土地のちがいである空間の差のほうに刺激をあたえられつつある（写真17）。

写真17　鹿児島県喜界島《きかいじま》の小野津《おのつ》の漁師さんたちからの聞き書き（2008年5月8日、撮影：鈴木公平氏）

おわりに

わたしは、漁村に入ると、網の補修をしている漁師さんのそばに座って話を聞くことが多い。背中を丸め、手には網針をもって、手だけが黙々と動いている。脇には飲みかけの缶コーヒーなどが置いてある。ときには、口で補修糸を切ったり、網針をくわえ、伸ばした足の指を使ったりする（写真18）。

二〇一二年（平成二四年）の、山形県の飛島《とびしま》（酒田市）の夏は、トビウオ漁の最盛期であった。どこの家からも、トビウオを焼干しするために焼く匂いが漂っていた。暑い盛りに炭火で一匹ずつ焼く、過酷な仕事である。男たちは、おもに網の手入れをしていた。

法木《ほうき》集落の斎藤半一さん（昭和一六年生まれ）も網の修理に専念していたが、わたしはそばに座って、以前の漁や暮らしのことをお聞きしていた。半一さんの父親の権一郎翁は、漁師でもあり大工でもあったので、息子には大工になることをすすめた。しかし、半一さんは「おれは海でなくてわかんね」と思い、中学校を卒業すると酒田《さかた》の船に乗ることになった。父親は根負けして、最後は「オメ、いぐと思ったらいげど」といって送りだした。焼玉エンジン二五馬力で、六月まではオオバイワシの漁、その後はイカ釣りで、各地の浜でお世話になりながら、北海道まで操業に行った。

漁師の仕事は体もきつかったが、乗りはじめの者も一〇年乗っている者も、同じ給料をもらった。歯の調子が悪かった母親には、はじめて働いて得た金を全部わたし、「これで入れ歯を入れろ」といった。母親は何もいわないで涙を流すばかりだったという。

平安丸という自分の船をもってからも、イカ釣りで南は能登から北は北海道まで動いた。どの港でも親切にしてくれた。「漁師はいい人ばかりだった」と、半一さんは語る。

海の上で、いつどんなことが起こるかわからない。どこでだれの世話になるかもわから

写真18　追い込み網を修理する沖縄県久高島《くだかじま》の漁師さん（2010年7月13日撮影）

ない。それで、漁師たちは親切なのだという。「世の中に漁師だけだったら、警察はいらない。この飛島でも、一か月間、家に鍵をかけずに酒田に行っていても、何も問題がなかった」と、半一さんは網の修理の手を休めて、わたしの顔を見ながらそう語った。

人びとの暮らしの聞き書きをとりながら列島を縦断しているわたしたち〈民俗調査〉のフィールドワーカーも、各地をあるく漁師さんと同様である。いい話を得るためにはどこへでも行き、いろいろと工夫を重ねながら、あるきまわる。大漁もあれば不漁もあり、ひとつの話でも収穫になることもある。ときには失敗をしながらも、漁師さんたちにお世話をいただきながら、基本的には、その人たちに喜ばれるものを記録したいと願っている。

このオカボラは、これからはたして今後、何度列島をまわるかわからないが、いつの日か海上から陸をながめる旅を続けながら、かつてわたしがあるいた浜々を海から訪れてみたいと願っている。

世の中に漁師だけだったら、警察はいらない　二〇一二年七月一〇日、山形県酒田市飛島の斎藤半一さん（昭和一六年生まれ）からの聞き書き。

川島秀一（かわしま・しゅういち）

はじめてのフィールドワークの場所は、一九七四年の沖縄県久高島《くだかじま》・波照間島《はてるまじま》の旅。最南端の波照間で二二歳の誕生日を迎えた。卒論を書くために、リュックに米を入れての年末から年始へかけての一か月の旅。島内に神社や寺院がないことの驚き。それとは逆に、わたしが育った東北の生活と同様に女性のシャーマンがいたこと。異化と同化がないまぜになって、わたしのフィールドの原点の地となった。年が明け、冬の神戸港にビーチサンダルで上陸したことも懐かしい。

*　*　*

■わたしの研究に衝撃をあたえた一冊　『雪国の春』

沖縄から帰った一九七五年は、柳田國男生誕一〇〇年の年。そのころ、角川文庫には柳田の著書が一〇冊くらい収録されていた。はじめて読んだのが『日本の祭』、その後、一年くらいかけて文庫版はすべて読破したが、なかでも印象深かったのは、『雪国の春』。東北文化論の白眉であるが、それは単なる〈東北〉ではなく、南方から米をもってきた人びとの文化論でもあった。東北の海とのかかわりも示唆した書であり、気仙沼という港町に育った者として、その後の研究を決定した。

柳田国男著
角川文庫
一九五六年（岡書院、一九二八年）

Ⅲ部

映像によるフィールドワークの魅力
『クニ子おばばと不思議の森』を手がかりに

――柴田昌平

『クニ子おばばと不思議の森』
二〇一一年九月にNHKスペシャルとして放映された。番組のDVD、ブルーレイは、NHKエンタープライズより発売中。

〈受賞状況〉（二〇一三年八月現在）
●**第38回放送文化基金賞** 優秀賞
●**アメリカ、モンタナ・シネ国際フィルムフェスティバル** 映像に対する特別表彰
●**チェコ、生活・科学映像祭** 正式参加
●**アメリカ国際フィルム・ビデオ祭** ゴールド・カメラ賞（環境・エコロジー部門1位）
●**世界自然・野生生物映像祭** 日本環境賞

はじめに

暮らしの記録や伝承に興味ある人なら、だれでも一度は映像を駆使したフィールドワークをしてみたいと思ったことがあるのではないだろうか。掌に乗るようなカメラをもち、祭りを撮影したりインタビューをしたり、仕事の様子にカメラを向けたりした経験をもっている人も多いと思う。しかし、映像の素材はどんどん貯まっていきながらも、それをどう整理して伝えていいかわからなくなり、やがて映像を放り出してしまう……。

「撮ったのに、使えないのです……」

「動く映像ではなく、写真のほうがまだあつかいやすいと思います……」

そんな苦い経験をよく耳にする。

そう。ただ漠然と撮った映像は、〝使いもの〟にはならない。すくなくとも、他人様にお見せするものにはならず、自らの記憶をたしかめる「メモ」にしかならないのだ。映像による民俗学がなかなか発展しないのは、ここに〝落とし穴〟があるからだと、わたしは

思っている。「メモ」と「記述（成果物）」とのあいだに大きな溝があるのだ。

もちろん、予期せぬ事件が目の前で起こったり、圧倒的な力のある歌舞音曲を撮影したのであれば、無意識にまわした映像であっても伝わっていく力がある。ＹｏｕＴｕｂｅなどにアップロードされる人気の動画もそのひとつだ。しかし、日々積み重ねられている暮らしの襞《ひだ》を浮かびあがらせていくことは容易ではない。

ここでは、どんなことをすれば映像が、単なる「メモ」を越えて「記述」たりうるのか、わたし自身のフィールドワークの活動に即しながら考えてみたい。

写真1　椎葉村《しいばそん》の方言では、カタツムリを「いぇかりぃ・なめくじ」という。「家をかるう（背負う）なめくじ」という意味だ。焼畑の森の循環では、カタツムリやミミズ、ムカデ、菌類など、土中の小さな生きものたちが大きな役割を果たしている。
©NHK、プロダクション・エイシア

ところで、「わしはカタツムリ。ああ、おばばがまたやってきた。おもしろいことやるから、見ててごらん」という語りではじまるＮＨＫスペシャル『クニ子おばばと不思議の森』（二〇一一年九月放送）をご覧になったことがあるだろうか？　宮崎県東臼杵《ひがしうすき》郡椎葉《しいば》村《そん》で焼畑という伝統的な農業をずっと守ってきた椎葉《しいば》クニ子さん（大正一三年生まれ）の営みを長期取材したドキュメンタリーで、映像による民族誌（民俗誌）のひとつといえる。わたしは、このドキュメンタリーの企画・制作・ディレクターをつとめた。多くの人の協

焼畑
森を焼き、灰の力を使って作物を栽培したのち、耕作地を放棄して森を回復させる。かつては全世界でおこなわれ、その土地の気候や地理環境に応じて、一〇年から数十年のサイクルで森と畑とを使いわけてきた。近年、環境破壊の元凶として焼畑農業がとりあげられることが多いが、森林回復を待たないで耕作を続ける「開発型焼畑」が問題なのであり、「伝統的焼畑」は自然と調和した農業であった。

力を得てできあがったこの作品はＤＶＤやブルーレイとしても販売されており、比較的かんたんに入手して観ることができるので、具体例としてふれていくことにしたい。

1　再現性のあるもの、ないものを見極める

フィールドワーカーのなかには、調査先でハッと出会ったものにすぐにカメラを向ける人もいる。メモ代わりにもなり、感動を逃さないようにという意図もあるのだろう。わたしの場合はまず、目の前で起こっていることがもう一度起こりうるかを瞬時に判断しようとする。つまり、「再現性があるか否か」「くり返し起こりうるか否か」を見極めるのだ。「もう一度再現できる」「もう一度起こりうる」ことについては、すぐにカメラをまわすことはしない。ペンや写真でメモをとることもしない。驚きや発見感を忘れないように心にのこし、あとで静かにノートに整理する。そして、発見をどのように映像に定着させるかをじっくり考える。

「人びとの暮らしを記録する」という観点に立ったとき、じつは多くのことが「もう一度しっかりと撮影できる」、つまり「再現性のあること」だと、わたしは考えている。

たとえば『クニ子おばばと不思議の森』に、クニ子さんが焼畑の跡地に生えてきたキノコを見て驚くシーンがある。あの新鮮な感動の表情は一度キリしか撮れないものだが、周密な計画のうえで撮られた。

写真2　火入れをするクニ子さん。小学4年生のころから両親の手伝いで焼畑に通うようになった。1947年（昭和22年）に椎葉家に嫁いでからは、1年も休むことなく焼畑を続け、守ってきた。
©NHK、プロダクション・エイシア

わたしたちは事前に焼畑をくまなく歩いて観察し、どこにキノコが生えているかも把握したうえで、クニ子さんとの撮影に臨んだ。だからこそ、クニ子さんの表情を正面からしっかりとねらうことができている。

ところで、**焼畑にキノコが生える**ということ自体、これまでの数々の焼畑の調査記録には出てこない。「焼畑は作物をつくる場所だ」という人間の視点の調査からは、聞きとりをいくらおこなっても、焼畑とキノコとの結びつきは発見できない。森林や土壌の専門家たちの調査からも、「焼畑におけるキノコ」はほとんど注目されてこなかった。

わたしたちは、自然の動植物の立場からも焼畑をとらえ直したいと考えていたので、暇さえあれば焼畑を歩きまわり、土や切り株、草を観察していた。やがて、火入れして三年め以降の焼畑にはキノコがたくさん生えていることに気づいた。キノコが切り株や根っこを腐敗させ、次に新たな生命が生まれてくる土壌をつくりだしている。森の命の循環の根っこには、キノコなどの菌類があったのだ。

その新鮮な発見を観る人に伝えるには、クニ子さんの驚きの表情を画面でとらえるのがいちばんだと思った。そこで、クニ子さんにはキノコのことはいっさいいわず、「焼畑に大豆の収穫に行く」というクニ子さんに、黙ってついていったのだった。

その後、クニ子さんは、「むかしは、小豆をまく六月ごろに、キノコが焼畑の切り株によく生えていた。種まきしたあとに、**籠《かご》にキノコをたっぷり入れて**背負って帰ったものだ

写真3　4年めの焼畑でナラタケを見つけ、大喜びのクニ子さん。焼畑に生えるキノコ類を総称して「ずーしー・なば」と方言で呼んでいた。キノコの生えかたは、火入れのときの火の強さや炎のまわりかたに大きく影響される。
©NHK、プロダクション・エイシア

焼畑にキノコが生える
椎葉村の焼畑では、森を焼く「火入れ」のあと、一年めはソバ、二年めはヒエとアワ、三年めは小豆、四年めは大豆を作物として植えるのが典型だった。キノコ類は、人が植えるのではなく、切り株や地面に自然と生えてくる。

った」というエピソードも思い出し、話してくれた。クニ子さんのもとにくる焼畑研究者たちがみなソバや豆など作物のことばかりを調査するので、クニ子さんはキノコに注意をはらわなくなっていったのだった。

焼畑のような、人間が自然にはたらきかける営みのフィールドワークにあたっては、自然の側から人間をとらえ直すという視点がいかにたいせつか、そのためには現場に何度も足を運んで観察することがいかに重要であるかを実感した瞬間だった。

なお、わたし自身が「再現性がない。一回めの出会いでカメラをまわすようにしよう」と思っているのは、光の魔法がもたらす一瞬の風景と、ある種のインタビューだ。インタビューは、じつはものすごくむずかしい行為で、あとでくわしく書きたい。

籠にキノコをたっぷり入れて

火入れから三年めには、ナラタケなどのキノコが切り株や地面にたくさん生えてくる。キノコだけでなく、山菜も焼畑の恵みのひとつ。二年めから五年めぐらいまで、ワラビ・ゼンマイ・タラの芽などの山菜がとれ、大事な食材だった。

2　撮影される側との関係性

「カメラは暴力的だ」と、よくいわれる。レンズを向けられたときに、みなさんも緊張した覚えがあることだろう。こちこちになって、自分らしくなくなって、まるで別人のような自分……。こんな姿を写されたくない……。そう、だれだって、いきなりカメラを向けられるのはいやだ。長期のフィールドワークにあたっては、カメラをいつ、どのタイミングでまわすかについて、とても敏感にならざるをえない。

『クニ子おばばと不思議の森』では、クニ子さんがカメラに慣れ、わたしたちに心を許してくれたと思えたのは、本格的に撮影をはじめて二か月近くたったころ。ソバ畑で白い花が満開になり、ハチやチョウたちが舞う晴れた午後に、畑でゆっくり時間をかけてすごした日。映像のなかのクニ子さんは、少女のような表情で天真爛漫に笑っている。

とはいえ、ある種の緊張関係のなかでカメラをまわしはじめるということもたいせつだ。映像は、変化をとらえることのできる記録媒体。無表情に見えた登場人物が、あるとき急に生き生きとしてくる。その変化も、その人を表現するうえで大事な要素だと思う。『クニ子おばばと不思議の森』でいえば、焼畑の準備から種まきまでの映像では、クニ子さんはとくに親しげでもなく、淡々と仕事をしている。ふつうに他人が接してみるクニ子さんの表情は、こんなものだろう。いわば「外向き」の顔だ。

3　参与と観察

わたしは、クニ子さんに伝えられてきた焼畑についての伝承が実際はどういうことを意味しているのか、映像をとおして観察しようとした。

たとえば、クニ子さんは種まきのとき、「ソバは、『おれの端《はじ》かくすより、おまえの恥《はじ》かくせ』と、人間にいう」という諺を何度も口にした。「ソバの種は、土の上でひところがりさえすれば、三角の種のどこかひとつの角が土に埋まるだけで芽が出る」という意味だという。それはほんとうなの？

そこでわたしたちは、焼畑から土を採取してきて植木鉢に入れ、ソバの種をいろんな状態で置きながら、発芽の様子を観察した。水で発芽するのか、光で発芽するのか、それとも熱が大事なのか？　ソバの種はころがさなくても発芽するのか、どの端っこが土をかぶ

『おれの端かくすより、おまえの恥かくせ』
椎葉の方言をそのまま表記すると、「おれが端《はじ》かくすより、わがはじかくせ」。小豆、大豆それぞれの「言い分」も、諺として伝わっている。

三角の種のどこかひとつの角が土に埋まるだけで芽が出る
クニ子さんは、ソバの種を地面に落としたあと、ほうきでかんたんにはいて種と灰をまぶすだけ。鍬で種を地面に埋めることはしなかった。地表には、灰を軽くかぶっただけのソバの種がたくさんのこっていた。

っていればいいのか……。そして、その様子を映像にしてクニ子さんに観てもらった。クニ子さんは、〝伝承〟として知ってはいても、実際の発芽の瞬間は観たことはない。「すごいねぇ」と、映像を観てしきりに感心してくれる。

わたしは、撮った映像はその日の夜に必ず観て、内容を確認することにしている。クニ子さんのお宅で合宿しながら取材をしていたので、クニ子さんもわたしたちスタッフの部屋にきて、毎晩いっしょに映像を観るようになった。そのうちクニ子さんは、わたしたちが何をやりたいのか、だんだんとわかってきた。「これも撮ったら?」「あれも撮ったら?」と、いろんな提案をしてくれるようになった。カタツムリを目ざとく見つけてくれるのもクニ子さん。やがて、このカタツムリが作品の準主役となっていったのだった。

だから、このドキュメンタリーは、クニ子さんの「知」、「土地の知」を、クニ子さんといっしょに見つめ直す共同作業でもあった。しかも、映像を使って、クニ子さんも観たことのないかたちで。

フィールドワークというのは、一方的な観察作業ではいけないと思う。調査する側とされる側とがいっしょになってつくりあげる作業、その土地の文化をともに見つめ直すプロセスなのだと、わたしは考えている。

4　撮影の基本スタイルを決める

さて、マリノフスキーにはじまった文化人類学のフィールドワークと、その成果物である民族誌（民俗誌）。フィールドワーカーごとに記述法には個性とスタイルがある。

マリノフスキー（Bronislaw Kasper Malinowski）一八八四―一九四二。イギリスの人類学者（出身はポーランド）。ニューギニア島東沖のトロブリアンド諸島で、長期にわたって現地の人びとと行動をともにし、その生活の詳細な観察するフィールドワークをおこなった。それまでの人類学が、探検家や宣教師の報告書や歴史文献などをもとに思弁的に文化進化を論じていたのにたいして、マリノフスキーははじめて参与観察と呼ばれるフィールドワークの研究手法を人類学に導入した。主著に『西太平洋の遠洋航海者』（講談社学術文庫）がある。

映像のむずかしいところは、メモ的に撮った映像は、あとで再構成するときにほとんど使いものにならないという点だ。雑多なメモ的な映像は、あとでいくら時間をかけて編集しようとしても、流れがつくれない。撮影段階から、ある程度、**最終的なかたちをイメージ**しながら撮っていく必要がある。

『クニ子おばばと不思議の森』では、撮影に入るまえから次のことは決めていた。それは、焼畑を単なる人間の生業としてとらえるのではなく、森という大きな生態系のなかに位置づけて観ていくことだ。

「森を焼いて畑にし、四年間作物をつくって、その後二〇年あまり放置して森にもどす」

このいいかたのなかには、人間しか出てこない。しかし、焼畑が長く続いてきたからには、焼畑が人間にとってだけでなく、森にとっても都合のいいことが、なにかあるはずだ、それを発見していこう——そう考えたのだった。焼いた土はどう変化していくのか、森はどうよみがえっていくのか、その過程でまわりの生きものたち（人間もふくむ）はどう変化していくのか、観察したいと思った。

クニ子さんを一人芝居の主人公にしてはいけない。たくさんの登場人物のひとりにしなくてはいけない……。そのために、映像的にはふたつの方法を考えた。

ひとつは、クニ子さんをとらえるカメラのアングルだ。

ふつうのドキュメンタリーでは、カメラの高さは「目高《めだか》」、つまり相手の目の高さにレンズをかまえ、等身大に撮影する。人間が人間らしく

最終的なかたちをイメージ
「メモ」的な映像を、その特性を活かして編集し、映像作品をつくることもできるが、非常に高度な洞察力と感性が必要で、ここでは詳述しなかった。

写真4　椎葉クニ子さんの家は、およそ50ヘクタールの山をもっている。毎年、50アールから1ヘクタールほどの森を選んで火を入れ、焼畑にする。およそ30年でもとの森にもどる。
©NHK、プロダクション・エイシア

見える撮りかただ。しかし今回は、あるときは土にいる小動物の目線でクニ子さんを見あげるように撮り、あるときは木々の梢の高さからクニ子さんを見おろした。極端なカメラの構図を導入することで、このドキュメンタリー（映像による民族・民俗誌）が寄って立つスタンスを明瞭にしようとしたのだ。

もうひとつは、時間を伸縮させる手法だ。

ソバの種が発芽する一週間を三〇秒に圧縮して見せる、山のなかに定点観測用のカメラ位置をいくつか決めて、春夏秋冬を同じアングルでねらってみるなどの手法だ。三〇年という時間を見つめていく、つまり「時間」がひとつの主人公なのだという決意表明として、意識的に手間をかけて撮影をした。映像技法としては、いまではめずらしくなくなった表現だが、作品のテーマと合致したので、ひとしお力強く表現できたのだと思っている。

写真5　ソバの出芽。わたしたちは、種を埋める深さ、水や光などの条件を変えながら、ソバがどう出芽するか観察を続けた。土に埋まっていなくても、水分が十分にあり、気温が暖かければ、土から蒸発した水分で種は出芽した。根と芽はどちらも、種のいちばんとがった端から伸びてきた。最初に根を張り、続いて光の方向に向かって茎を伸ばしていった。©NHK、プロダクション・エイシア

5　インタビューのむずかしさと可能性

最後に、インタビューについて考えてみよう。わたしは映像記録に二五年以上たずさわってきたが、いつもむずかしいと感じるのがインタビューだ。1ですこしふれたが、再現性があるようでないのがことば。「言霊《ことだま》」という語があるとおり、ことばには魂が宿っているかのようで、人の口から一度出たことばは二度と帰ってこない。表情、なかにこめられたニュアンス、心遣いなどもふくめて、ひとたび発せられたことばは二度と同じようには発せられないのだ。そこでわたしの場合は、インタビューは状況を変えて何度もおこなうようにしている。

まず挨拶を交わして、「撮影してもいいよ」という相手からのシグナルを感じた段階で、かんたんなインタビューをする。カメラを十分にまわせる関係が築けたら、今度はその人の人生を丸ごと聞くぐらいのつもりで数時間たっぷりとインタビュー。

どこで聞くかによっても、返ってくることばはちがってくる。室内で聞くのか、野外で聞くのか。内容に即した場所で聞くのか、あえて遠く離れた場所で聞くのか。「事実」を浮かびあがらせるには内容に即した現場で聞くのがいいし、そのことをどう思っているのかなど「想い」を聞くには、あえて抽象的な空間をつくって質問したほうがいいこともある。

また、フィールドワークをとおしてたがいの関係が築けてくると、こちらから質問を投げかけなくても、相手は自然と語りだしてくれるようになる。

『クニ子おばばと不思議の森』には、さまざまなかたちでおこなったインタビューが散りばめられている。たとえば、亡くなった夫、秀行さんの思い出について語っているのは、自宅の居間だった。完成した作品では、このインタビューのことばに、ふたりの思い出の巨樹の下でクニ子さんがたたずんでいる映像をかぶせているが、屋外という状況で心の襞まで語ってもらうのは無理だろう。

あるいは、作品の冒頭部分でクニ子さんは、タラの芽を棒でたたきながら「カンチョー」と叫び、その意味についてユーモラスに語っている。これは一年におよぶ撮影の終盤に撮ったものだが、このころにはクニ子さんは、わたしたちの記録の目的が生きものと人間の関係のことだと理解していて、だからこそ、おもしろおかしく得意満面に語っている。

写真6　3メートル近いタラの木のてっぺんにある芽をとろうとしているクニ子さん。「カンチョー」と叫びながら棒で幹をたたくと、先っぽのタラの芽がポロッと落ちた。
©NHK、プロダクション・エイシア

写真7　タラの芽について語るクニ子さん。タラは、火入れ2年めから自然と生えてくるが、4～5年めが盛り。10年たつころには、まわりの樹木が大きく育つので、タラは立ち枯れする。
©NHK、プロダクション・エイシア

「カンチョー」

「カンチョー」とは、椎葉村の方言で鹿のこと。クニ子さんは「カンチョー」と叫んでタラの木をたたく理由を、次のように解説してくれた。

「タラの芽を鹿が食べると、男鹿の角がポロッととれるといわれている。だから、『カンチョー』と唱えながらタラの木を棒でたたくと、男鹿の角がポロッととれるように、タラの芽もポロッととれる」

6　人類にとっての普遍性を求めて

フィールドワークをして人びとの暮らしの細部を描きだすことの目的は、なんなのだろう。小さな営みを連綿と積み重ねて見つめていくことをとおして、人類の普遍的な側面を発見することなのだと、わたしは思っている。

クニ子さんと最初に出会ったのは二〇〇八年、その後、二〇一〇年八月に本格的な長期滞在型撮影を開始し、二〇一一年六月に撮影終了。その後編集仕上げをして、二〇一一年九月に放送にこぎつけた。長い時間の取材と、くり返しおこなったインタビューのなかで、わたしはクニ子さんの「世渡《よわた》り」ということばに、最後に注目した。

クニ子さんはいう。

「〝世渡り〟だもんね。世のなかに生命がある限りは、人間も動物も植物も、生きもの全部〝世渡り〟をせんと、生きていかれんからね。何十年でも、何百年でも、何千年でも、生きていくとだから、自然とね。生きていて、子孫をのこすために、ちゃんと〝世渡り〟をする」

「世渡り」ということばは、クニ子さんなりの自然観を象徴することばだと考え、作品の後半の核に据えることにした。「人間は森の生きものたちといっしょになって三〇年かけて森をじゅんぐりにまわしていく、そのなかでほんの四年間だけ、人間は自然から畑作物というわけまえを得る」という視点を、一年間のフィールドワークを経て発見したドキュメンタリー。

『クニ子おばばと不思議の森』は、人と自然との対応関係について大きな示唆に富んだ作品となったと思う。フランスの公共放送局が『クニ子おばばと不思議の森』を高く評価し、フランスの映像配給会社をとおしてこれから全世界に発信されようとしている。

7　カメラをもってフィールドに出てみよう

さあ、みなさんもカメラをもって、フィールドで映像記録にぜひとりくんでみてほしい。機材について、かんたんなアドバイスをしたい。

ビデオカメラは、量販店などで三万円ぐらいで出まわっている小型カメラでも、画質的には十分に撮影できる。ピントや絞りもオートで設定してくれるため、素人でもかなりの映像が撮れる。ただ、大事なのは音声だ。何気なく口からついて出てくるつぶやき、人と人とのあいだで交わされる会話……こうした音がしっかり撮れていると、映像記録の世界は飛躍的に豊かに伝わってくる。安価なカメラに内蔵されたマイクは、音質が十分ではない。外部のマイクを接続できる端子があるものが望ましい。また、ＩＣレコーダーを併用して、遠くで交わされている会話などをしっかり録音するのもひとつの手だ。

三脚は、かんたんなものでもいいので用意したほうがいいと、わたしは思う。動画のカメラワークを適確に使いこなすのは、とてもむずかしい。安易にズームを使ったり、カメラを上下左右にふりまわすと、「メモ」みたいな映像になってしまう。三脚を据え、一カットごとのねらいを定めて撮影していくことからはじめたほうがいいと思うのだ。

批評家は多いけれど担い手はすくない、映像によるフィールドワーク。それにたずさわる人がひとりでも多くなり、いい記録が生まれてくることを、心より願ってやまない。

柴田昌平（しばた・しょうへい）

一九六三年生まれ。東京大学教養学部文化人類学教室在学中に、一年留年して山梨県芦川村（現・笛吹市）で農作業を手伝いながら古老たちの人生の聞き書きをおこなったのがはじめてのフィールドワーク。大卒後、ＮＨＫ沖縄放送局などの勤務を経て、記録映画監督の姫田忠義のもとで映像民族学を学んだ。『ひめゆり』（キネマ旬報ベストテン文化映画一位など多数受賞）、『森聞き』（児童福祉文化賞など）、『フィンランド・森・妖精との対話』（ドイツ・世界メディア祭銀賞など）の作品がある。

＊　＊　＊

■わたしの研究に衝撃をあたえた作品　記録映画『越後奥三面　山に生かされた日々』

大学在学中に、この作品と、同じ姫田監督の『イヨマンテ』を観たのが、映像によるフィールドワークを志す原点となった。姫田の手法は、①長期滞在取材、②特定の主人公をつくらない、③気持ちや表情ではなく「行為」を撮る——に集約されると思う。姫田に学んだわたしは、「個人」にカメラを向けながらも、その「個人」の向こうに連なる先祖や伝承、地域社会や気候風土を撮ろうとするようになった。

『越後奥三面　山に生かされた日々』
姫田忠義監督
一九八五年

暮らしから生まれた星の伝承知

——北尾浩一

はじめに

農村・漁村の伝統的な暮らしのなかでは、星がカレンダー・時計・コンパスの役割をしており、暮らしのなかでさまざまな伝承知が形成された。オリオン座、おうし座、あるいはベテルギウス、リゲル、アルデバランというような西洋名とはちがった日本の星座・星名が、暮らしのなかから生まれた。

学校教育において天文を学ぶことはなかったが、暮らしのなかで自分の目で観察して生業に必要な判断をおこない、多様で豊かな星名知識を親から子へと継承していったのである。本稿では、明治、大正生まれの海で生きてきた人びとの暮らしの伝承知をもとに、星と人とのかかわりについて考えていきたい。

1　学校から帰ってから船で星を学ぶ

一九九三年八月、宮城県本吉《もとよし》郡唐桑町《からくわちょう》（現・気仙沼市《けせんぬまし》）で大正五年生まれの漁師さんから聞いた話である。

「わたしが学校から帰ってくるのを待っているのですよ。その下に浜がある。船があってね、おじいさんだの、おとうさんだのね、おにいさんたちが浜で待っているのですよ。わたしが学校から帰ってくるとね、かばん置いてすぐ浜へ行ったものですよ」

最初は、何もできなくてもよかった。おにいさんやおとうさんのやっていることを見て、すこしでも自分ができると思ったらやってみて、失敗してもよかった。

夜も沖に行った。星のならびかたに特徴があることにすこしずつ気づき、高学年になると、自分で星空を見て、モクサとかカリマタ（雁股）とかわかるようになった。

「イカは、ひと晩じゅう釣れているわけじゃないんですね。時間、ときどき釣れるわけですな。ひと晩、一生懸命釣り具を動かしてても、常に食いついてくるわけじゃねえ。時間によって漁が出たりひらいたりするわけです。よくね、カリマタのあがりの時節に釣れたとか、モクサのあがりのときに釣れたとかということはいわれたものじゃ……」

モクサというのは、プレアデス星団のこと。名前の由来について、「モグサ、モグサでしょう。モグサのなまっとるのじゃねえかな。モグサをこうつまんでこう……。格好が似てるっていうのじゃないかな」と説明してくださった。プレアデス星団を、お灸《きゅう》をするときの「もぐさ」に結びつけたのである（165ページ写真1）。

カリマタは、アルデバランとヒアデス星団で構成するV字形のこと。先がふたまたにわかれた鏃《やじり》に見立てた。

カリマタの次に顔を出すのは、ムヅラだった。ムヅラは、一般的にはプレアデス星団のことであり、ムツラ（六連星）がムジラ、ムジナ、ウズラのように変化しながら、北海道、

漁が出たりひらいたり
役星（イカ釣りなどのときに目標にした星）の出にイカがよく釣れるようすを「漁が出る」という。一方、役星の出と出のあいだは、イカがあまり釣れない。このときのようすを「漁がひらく」という。

青森県、秋田県、茨城県、群馬県など、東日本に広く分布する。しかし、この場合はオリオン座三つ星と小三つ星のことであり、プレアデス星団はモクサであった。

ムヅラが出たときに漁がなくても、その次に登場する星を待った。

「イカなどはね、イカなどは星勘定でね。星の時間帯でアトボシまで見ていこうかとかね。アトボシ出たから、もう漁がないから帰ろうか――とか」

アトボシは、おおいぬ座シリウスのこと。最後に顔を出すからアトボシ（後星）と名づけた。プレアデス星団からシリウスまでの順に登場する星ぼしが、イカ釣りの目標となった（写真1）。

「ただ、漫然と船に乗ってるだけでは覚えられないですよ。やっぱりね、自分でその気がないとね、それも、自分でひとりで沖に出る気がまえが出てこなけりゃ、覚えられないですよ」

暮らしの伝承知は、学校で知識として覚えるのとはちがった厳しさがあった。

2　北極星が動かないと語り伝える

かつては、星を見ようと思って外に出るのではなかった。窓から、山や海を見るように星を見た。夜中に便所に行ったときも、星があった。あとどれぐらいで夜が明けるかを知った。あるときは、そこから星物語も生まれた。

一九八六年八月、静岡県伊東市川奈で明治三二年生まれの漁師さんから聞いた話である。

「キタノヒトツボシというのは、あの人が見つけたの。ミカンブネのキノクニヤブンザエ

写真1　イカ釣りの目標にした星ぼし
プレアデス星団（モクサ）、アルデバランとヒアデス星団で構成するV字形（カリマタ）、オリオン座三つ星と小三つ星（ムヅラ）、シリウス（アトボシ）の出（あがり＝水平線から姿をあらわすとき）を、イカ釣りの目標にした（撮影：奈須栄一氏）

モン。紀州のね。どうして見つけたいうたら、便所へ行って、その星がちょっと見えた。いつ行っても、その星が見えた。だから、その星は動かないいうことに決めてもらったらしい」

キタノヒトツボシとは、北極星のこと。紀伊國屋文左衛門が夜中に便所に行ったとき、動かない星「北極星」を発見したと語られていた。

一九八五年五月、茨城県北茨城市大津町《おおつちょう》で、紀伊國屋文左衛門ではなく桑名屋徳蔵が北極星を見つけたという物語に出会った。明治二九年生まれの漁師さんの話である。

「クワナヤトクゾウ……この人がね、やっぱり帆前船《ほまえせん》のようなもので、東京から石巻へ運んだとか。近海航路みたいなんで、運搬船の船頭なんだ。その人が、なんかねえか、夜動かない星を捜してみるのがいちばんだって、そして、動かない星はどれだっぺいって……。みな動くんだね。そのうちに北極いう星は動かねえ、と」

運搬船の船頭が動かない星「北極星」の発見者だと語られていた。

北極星すなわち「こぐま座α星」は、現在、天の北極から一度弱離れている。ゆえに、北極星は静止しているのではなく、半径一度弱の円を描いて動いているのであるが、これは肉眼でわからないほど小さい。したがって、動かない星として北極星が語られるのは、人びとの観察や体験から当然のこと。人びとは、物語を語ることによって、北極星という生活知を世代を越えて確実に伝えたのだった（写真2・3）。

写真2　北の空の日周運動
動かない星として北極星を語った（撮影：湯村宜和氏）

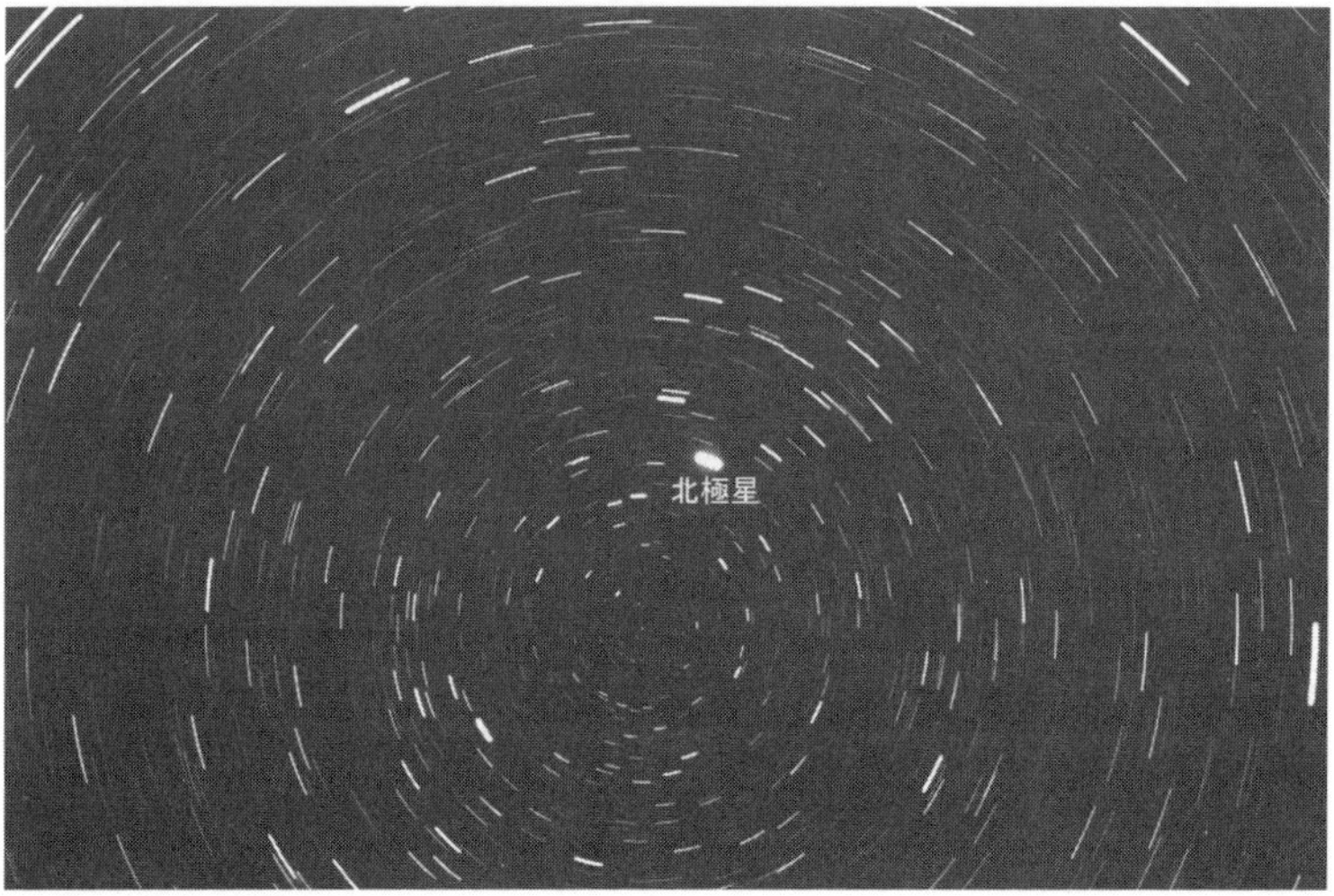

写真3　北極星は動く
望遠レンズで撮影すると、北極星も動いていることがわかる（撮影：湯村宜和氏）

3　北極星が動くと語り伝える

逆に、北極星が「動く」ことを発見したというタイプの物語が、西日本を中心に伝えられている。「北極星」の動きの発見の物語は、じつに多様で豊かである。

一九八七年一月、兵庫県相生《あいおい》市で明治四二年生まれの漁師さんから聞いた話である。

「それも、うそかほんまか知らんで。むかし、天竺徳兵衛いう高田屋嘉兵衛みたいなえらい船乗りがおったんじゃ。船乗りは、たいがい夜走りした。そうしたところが、またその嫁はんがえらかったんじゃ。婿はんが夜さり夜走りしよるから、自分も夜さり機《はた》織る。それで、おやじさんと問答する。動かん星がネノホシさんだゆうし、そしたら嫁はんのほうがえらかったんや。ネノホシさんを障子の桟とあわしたんや。そして、三寸動くいうことを……」

発見者は、徳蔵でも文左衛門でもなく、「天竺徳兵衛の妻」であった。

一九八四年七月、兵庫県飾磨《しかま》郡家島町《いえしまちょう》坊勢島《ぼうぜじま》（現・姫路市）で明治三五年生まれの漁師さんから聞いた話である。

「クワノトオクロウいうて船乗りでえらい人がいた。クワノトオクロウは、ネノホシを見て、北、南、東、西……と船を操った。クワノトオクロウの嫁さんがえらかった。クワノトオクロウは、ネノホシは動かんゆうてた。ところが、クワノトオクロウの嫁さんが、夜に機織りよって、ネノホシが動くのを発見した。おとうさん、ネノホシが基準といいますけど、ネノホシは障子の軸一本動きます。嫁さんは、トオクロウにこう教えた」

動きの発見者は、「クワノトオクロウの妻」であった。

一九八四年四月、兵庫県津名《つな》郡北淡町《ほくだんちょう》富島《としま》（現・淡路市）で明治三〇年生まれの漁師さんから聞いた話では、動きの発見者は、「徳蔵の妻」と伝えられていた。

「ネノホシは、ひと晩に屋根の瓦一枚だけ動くんだ。瓦一枚だけ。まあ動かんにしとんのや。徳蔵の嫁はんが、徳蔵が船乗りよんのにな、暗いときは、方角がわからないと思った。嫁はんは、機織り織り、じっとキタノネノホシをねらっとった。そしたら瓦一枚ぶん動いた」

4　北極星を見る眼差しの多様性

北極星の伝承を、「動くことを発見」と「動かないことを発見」にわけてまとめると、下の表1のようになる。

動かない星として北極星が語られるのは、人びとの観察や体験から当然のことであると述べた。とすると、「北極星が動く」というのは、まちがった観察であろうか。そうではない。時

表1　北極星の動きについての物語
北極星（こぐま座α星）の名称、発見者、動きの大きさなど、多様な物語と出会うことができた。

■徳蔵（一部徳蔵以外に名前が変化）あるいは妻が、北極星が動くことを発見したケース

地名	発見者	動きの大きさ	北極星の方言	調査年月	話者生年
三重県阿児町	トクゾウの奥さん	障子の桟	キタノヒトツ	1984年11月	明治35年
大阪府泉佐野市	トクゾウと奥さん	三寸／障子の桟	トクゾウボシ等	1985年2月	明治43年
兵庫県相生市	天竺徳兵衛の嫁はん	三寸	ネノホシさん	1987年1月	明治42年
兵庫県北淡町	トクゾウの嫁はん	瓦1枚	ネノホシ	1984年4月	明治30年
兵庫県家島町	トオクロウの嫁さん	障子の軸1本	ネノホシ	1984年7月	明治35年
愛媛県魚島村魚島	トクゾウ	三寸	キタノネノホシ	1984年2月	明治39年
愛媛県魚島村高井神島	トクゾウの嫁	三寸	キタノネノホシ	1984年2月	明治32年

■徳蔵（一部徳蔵以外に名前が変化）あるいは妻が、北極星が動かないことを発見したケース

地名	発見者	北極星の方言	調査年月	話者生年
茨城県北茨城市	トクゾウ	キタノホシ	1985年5月	明治29年
静岡県伊東市	キノクニヤブンザエモン	キタノヒトツボシ	1986年8月	明治32年
大阪府岸和田市	トクゾウの奥さん	キタノホシ	1985年2月	大正14年
徳島県鳴門市	船乗りの嫁さん	ネノホシさん	1985年5月	明治34年

表2　こぐま座α星と天の北極との距離の変化
こぐま座α星と天の北極との距離は、時代をさかのぼるとともに増大していき、それにともなって北極星の動きが大きくなっていくことがわかる。仮に、1600年ごろの場合を考えると2.9度、すなわち現在の約3倍（月が約6個ならぶくらい）、天の北極から離れる。揺れている船からではなく、機織りをしながらなら、北極星が動くことを肉眼で発見可能かもしれない。

年（西暦）	天の北極との距離
1900年	1.2°
1800年	1.8°
1700年	2.3°
1600年	2.9°
1500年	3.4°
1400年	4.0°
1300年	4.5°
1200年	5.1°
1100年	5.7°
1000年	6.2°
900年	6.8°

代をさかのぼるとともに、北極星の動きが肉眼でわかるほどの大きさになる。「北極星の動き」は、むかしの観察や体験の記憶を語り伝えた可能性がある（表2）。

5　スバルと群れ星

スバルは和名である。西洋名はプレアデス星団である。西洋名「プレアデス星団」を聞いたことがない人は多いかもしれないが、「スバル」ということばを一度も聞いたことがないという人は、すくないだろう。

「星はすばる……」と、約一〇〇〇年前に『枕草子』に登場し、いまではハワイの「すばる望遠鏡」の名前にもなっている。また、兵庫県より西では、スバルではなくスマルが広く分布している。南限はトカラ列島の宝島であり、奄美大島・喜界島《きかいじま》より南は、「群れ星」

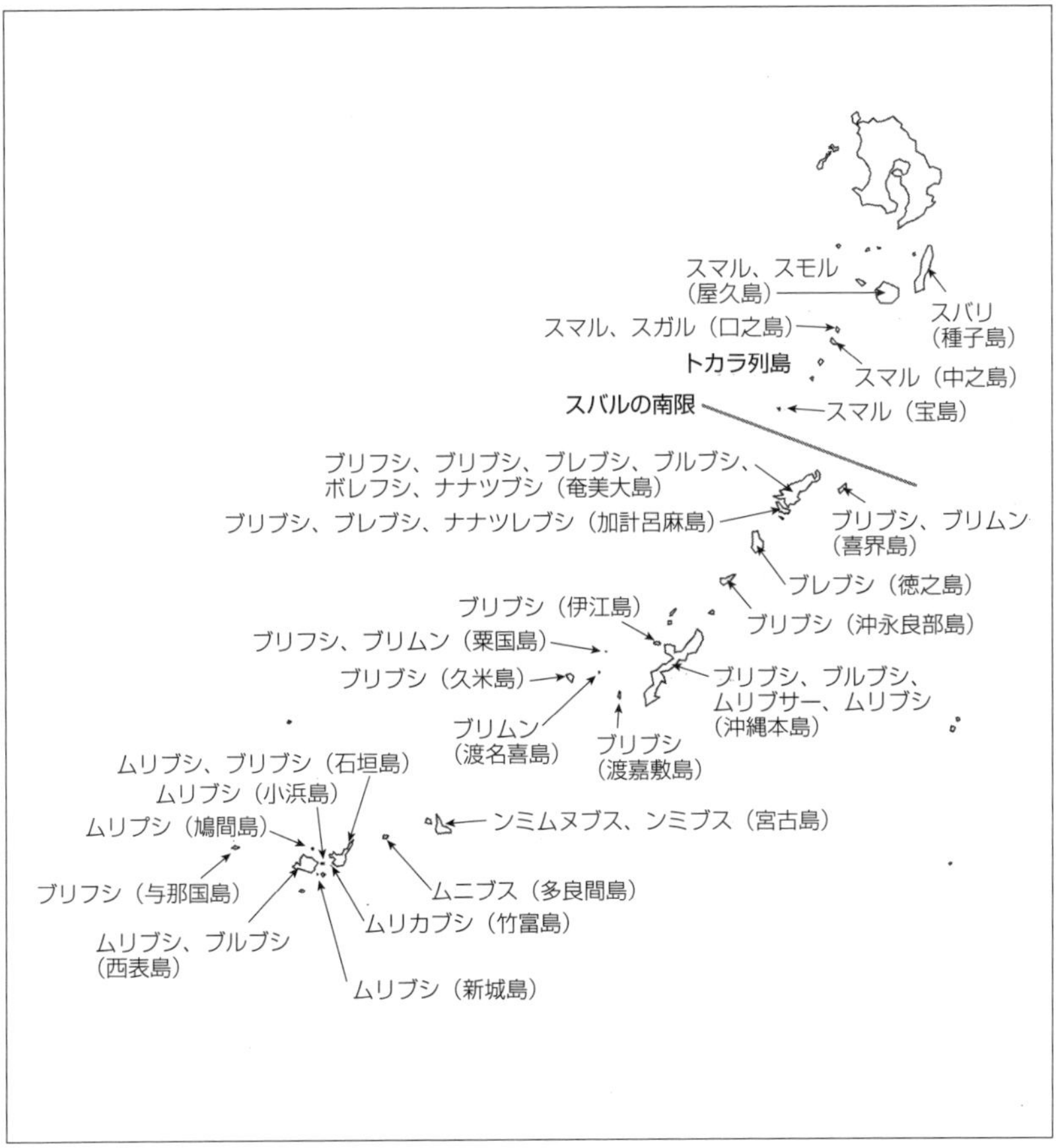

図　プレアデス星団の呼び名
トカラ列島の宝島より北はスバル（スマル）が、奄美大島、喜界島より南は群れ星が分布する。

が伝えられている。星がひとところにたくさん群れているように見えることから、群れ星。素朴でぴったりな名前である（前ページの図）。

6　星をうたう

暮らしの伝承知の継承を「うたう」ことによって、豊かなもの、そしてたしかなものとした。

一九八四年二月、愛媛県越智《おち》郡魚島《うおしま》村《むら》魚島《うおしま》（現・上《かみ》島町《じまちょう》）で聞いた、櫓を漕ぐときの歌である（話者は明治三九年生まれ）。

〽天がせまいかよー、スマルボシャなーらぶよ
　海がせまいか、エビかごむーよー

空は広いのに、無理にスマルボシ（プレアデス星団）はひとところにごじゃごじゃとかたまってならばなくてもいいのに、海は広いのに、エビは体を小さく曲げなくてもいいのに——という意味である。

人びとは、広大な星空と海とのあいだで、ひとつひとつの星と海の生きものに接してきた。そして、自分の目で観察して感じた疑問——スマルボシは、ひととところにならばずに、広大な星空に均等に分布すればい

楽譜　愛媛県魚島の星の歌（採譜：北尾正子）

いのにということ――を、広大な海に小さく体を曲げているエビとともにうたったのである（楽譜）。

山口県防府《ほうふ》市野島《のしま》では、それにトットとカカアが加わった（話者は昭和六年生まれ）。

〽スマルマンゾク、はや夜はナナツ。天の広いのに、スマルボシャごじょごじょ

〽海の広いのに、海老の腰ゃかごんだ

〽家の広いのに、トット（とうさん）とカカア（かあさん）がごじょごじょ

スマルが広い空に小さくかたまっているのを、夫婦が広い家のなかで近くに寄り添っているのにもたとえてうたった。ほほえましい「生活のなかの星」だ。

7　暮らしの伝承知の再評価

一九八五年六月、千葉県浦安市で聞いた話である（話者は明治三七年生まれ）。

「大正のころは、すごい星見えた。いま、明るいからわからない。機械になるまえのほうが、魚とれたよ」

一九九三年七月、千葉県船橋市で聞いた話である（話者は大正九年生まれ）。

「星はね、いまみたいにこんなスモッグだの、こんなのねえ。よく見えたよ、ぎんぎらぎんに。むかしはね、空気がきれいだからね、よく見えましたよ」

むかしは、東京湾に満天の星ぼしが広がっていた。魚もたくさんとれた。星の伝承知は、生きぬくために欠かすことのできないものだった。

一九八四年九月、福井県小浜市で聞いた話である（話者は明治二八年生まれ）。

「一九か二〇まではな、まるっきりむかしの仕事やった。いまみたいに岸壁じゃなしに、砂浜やったわいな。砂利の出具合を見たり、小さい川やけど川の流れの具合を見たりして、商売行ったもんや」

砂利の出具合や川の流れ、さらには植物や動物……それらのひとつひとつが生業に密着した自然環境であった。そして、星ぼしも生業に密着した自然環境のひとつであった。

「秋になってね、タナバタの入りに景色が変わるてな。スバリの入りには霜がおりるとかね。カラツキの入りには雪がふるとかね」

夜明けごろにタナバタ（織女と牽牛）が入る時季に天候が悪くなり、スバリ（プレアデス星団）の入る旧の一〇月ごろに霜がおり、カラツキ（オリオン座三つ星）の入る旧の一一月ごろに雪が降った。星ぼし、霜、雪……それらがともにくり広げる自然環境のなかで、伝承知が育まれた。

暮らしのなかで体験し、習得した伝承知は、急速な近代化、機械化のなかで使わなくなり、次の世代に継承されることはなくなった。かつては生きぬくために必要だった「星の伝承知」から、わたしたちが知らなければならないことは、なんだろうか。伝承知を、近代化されるまえの固定化された特定の時期のものではなく、時代とともに変化していく動的な人びとの体験や観察の記憶ととらえたとき、暮らしの伝承知のフィールド現場から、現代の星と人とのかかわり――いいことばが見つからないが――星とのつきあいかたの新しい可能性を切り開いていくことはできないだろうか。

北尾浩一（きたお・こういち）

一九七八年、新潟県佐渡郡相川町姫津（現・佐渡市）より星の伝承のフィールドワークをはじめた。イカ釣り漁師を訪ねて、北海道積丹《しゃこたん》半島、青森県下北半島、津軽半島から能登半島、対馬、壱岐とフィールドワーク。二一世紀になっても、いままでに記録されていなかった星名伝承を記録。二〇一三年においても、東京都八丈島にて「酔いどれ星」という暮らしから生まれたカノープスの和名を記録。

＊　＊　＊

■わたしの研究に衝撃をあたえた一冊『「岩宿」の発見　幻の旧石器を求めて』

石器を考古学の対象として見るまえに、その石器を使った家族の団らんの温かさを感じ、大学で生まれた学問とはちがった夢を追いかけた相沢氏に共感。星の和名伝承を、単に過去の固定された伝承資料としてとらえるのではなく、ひとりひとりの暮らしの動的なひとコマ、生産活動の喜び、苦しみ、悲しみ、そして、星を見る眼差しを感じることができるものとして位置づけて調査研究にとりくむきっかけとなる。

相沢忠洋著
講談社文庫
一九七三年

モノを知り、人を追い、暮らしを探る

――宮本八恵子

フィールドワークにたずさわって三〇余年。そのなかで、自身のフィールドワークにたいする姿勢や方法にもさまざまな変化が生じた。経験をすこしずつ積みながらの変化である。そして、現在は「人」を柱に据えることをフィールドワークの信条としている。

わたしは、美術大学の学生時代に「モノ作り」の立場から民具に興味をもち、実測図作成にはじまって、以後、モノ（民具）をとおして人のおこないを追い、背景の暮らしや地域の生活文化を探るという手法でフィールドワークを展開させてきた。そのため、モノの製作者であり、同時に使用者であり、管理者でもある「人」は、わたしのフィールドワークにおいて常にその「核」におかれている。

人のおこないは十人十色である。現在の暮らしをみても、数多く供給されるモノのなかから、嗜好やライフスタイルにあわせてひとりひとりがモノを選択し、それを自身が使いやすいようにカスタマイズしている。同じモノでも、その受容者や使用者が変わればモノの姿や立場は変わっていく。ゆえに、わたしの調査の視点は常に人とモノにおかれ、フィールドワークをとおして「人の身体動作・感性・嗜好」と「モノの形状」との相関関係がみえたときには、なにより喜びを感じる。

本稿では、「1　野良着の形状と機能」「2　衣料のまかないにみる女性の技」の2節を立て、それぞれにおいて話者の証言を交えながら、「人とモノとのつきあいかた」を記述する。

1　野良着の形状と機能

野良着の身丈

わたしは、一九八五年（昭和六〇年）から一九八九年（平成元年）にかけて、『所沢市史民俗』編さん事業の一環として、埼玉県所沢市内の各所で野良着の調査をおこなった。その方法は、現存する野良着があれば寸法を計測し、あわせて素材を確認する。また、現存していない場合には話者からの情報をもとにスケッチを描き、話者とのやりとりで加筆訂正を加えながらその精度を高めていくというものである。結果、コシッキリ・ハンキリ・ハンギモノなどと呼ばれる身丈の短い女性用の野良着は、身丈が鯨尺の一尺五寸から長いもので二尺八寸まで、大きな開きが出た。そのデータを一覧化したものが次ページの表であり、これには身丈とともに野良着の呼称・使用地・使用者の生年と出身地・組みあわせる下衣も併記した。しかし、あとから気づいたことだが、たいへん重要なことを調査で落としていた。それは、話者（着用者）の身体計測である。調査時には身長すらも確認していない。そのため、表では身長一五五センチを基準に、着装時の野良着の裾位置を分類している。もちろん、身丈二尺八寸のものは、どんなに体格のいい人が着ても裾が膝下にくるであろうが、二尺から二尺五寸のあいだは、身長によって裾が膝上となる人もいれば膝

鯨尺
布を測るものさしのひとつで、一尺は約三八センチに相当する。もともとはクジラのヒゲでつくられた。

表　野良着の身丈と呼称など　　　　　　　（出典：『所沢市史　民俗』1989　所沢市発行）

丈		呼　称	用いていた地域			下　衣
裾の位置 身長155cm の場合	寸　法		地域名	話者の生まれ年	話者の出身地	
尻の中央部まで 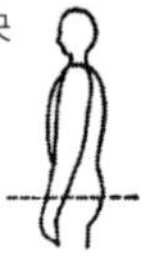	1尺5寸	ハンギモノ（シゴトシギモノ）	南永井	明治35年	南永井	モンペ
		短いジンベ	三ヶ島	大正2年	林	モンペ
	1尺6寸	短いコシキリ	三ヶ島	大正5年	北野	モンペ
尻の下部まで 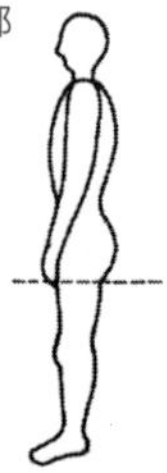	1尺7寸	ハンギ	中富	明治35年		コシマキ
				大正3年		コシマキ
		コシッキリ	山口	明治42年	山口	モンペ
		コシッキリ	三ヶ島	昭和14年	三ヶ島	モンペ
	1尺8寸	ハンギ	上安松	明治41年	北秋津	モンペ
		コシッキリ	神米金	大正8年	東村山	コシマキ
太腿まで 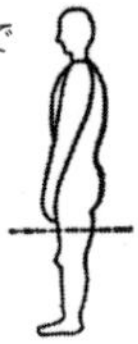	1尺9寸	コシッキリ	神米金	大正8年	東村山	コシマキ
	2尺	コシキリ	上新井	大正3年	北野	コシマキ
		コシキリ	久米	大正5年	久米	コシマキ モモヒキ
	2尺1寸	ハンキリ	南永井	大正2年	南永井	モモヒキ
膝上まで 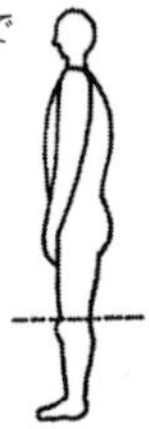	2尺2寸	ハンギモノ（シゴトシギモノ）	南永井	明治35年	南永井	モモヒキ
		ハンキリ	南永井	大正2年	南永井	モモヒキ
	2尺3寸	コシッキリ	神米金	明治43年	所沢新田	コシマキ
		ハンギレ	神米金	昭和8年	福原	コシマキ
		ジンベ	三ヶ島	大正2年	林	コシマキ
膝まで 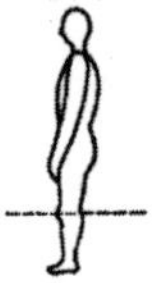	2尺5寸	ハンギ	牛沼	明治41年	牛沼	コシマキ モモヒキ
		コシッキリ	北岩岡	明治35年	上新井	コシマキ モモヒキ
		チュウジバン	北野	大正2年	上新井	コシマキ
ふくらはぎまで 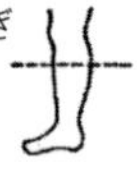	2尺8寸	コシッキリ	北岩岡	明治35年	上新井	コシマキ モモヒキ
		フクラッパギノキモノ	上山口	明治35年	上山口	コシマキ

下となる人もいる。また、身丈一尺五寸と一尺六寸が尻の途中までで、一尺七寸と一尺八寸が尻の下部までというのも、着用者の身長によっては異なる結果が出る。さらに、身丈の決定には、水田作業がともなうのか畑作のみであるのか、副業の養蚕や機《はた》織りに女性の仕事の重きがおかれていたのかなどなど、背景となる農家経営のありかたも大いに影響をおよぼす。当時の調査では、こうした視点が剥落していた。大いに反省すべき点である。

着用者の身体測定

その後、反省をふまえて、調査時にはできる限り話者（着用者）の身体計測をおこなうことにした。ただし、初対面でいきなり計測を願うと相手が引いてしまうことが多いので、調査がすすんで和やかな雰囲気となったところで願い出るのが肝心である。

計測箇所は図1のようであるが、着衣の状態で測るため、胸囲、胴まわり、太腿まわり、ふくらはぎまわり、足首まわりは多くの場合はぶかれる。ただし、田仕事や屈伸動作をともなう山仕事などに必須とされる股引《ももひき》に限っては、胴まわり以下の寸法がその機能性を探るうえで有効なデータとなる。

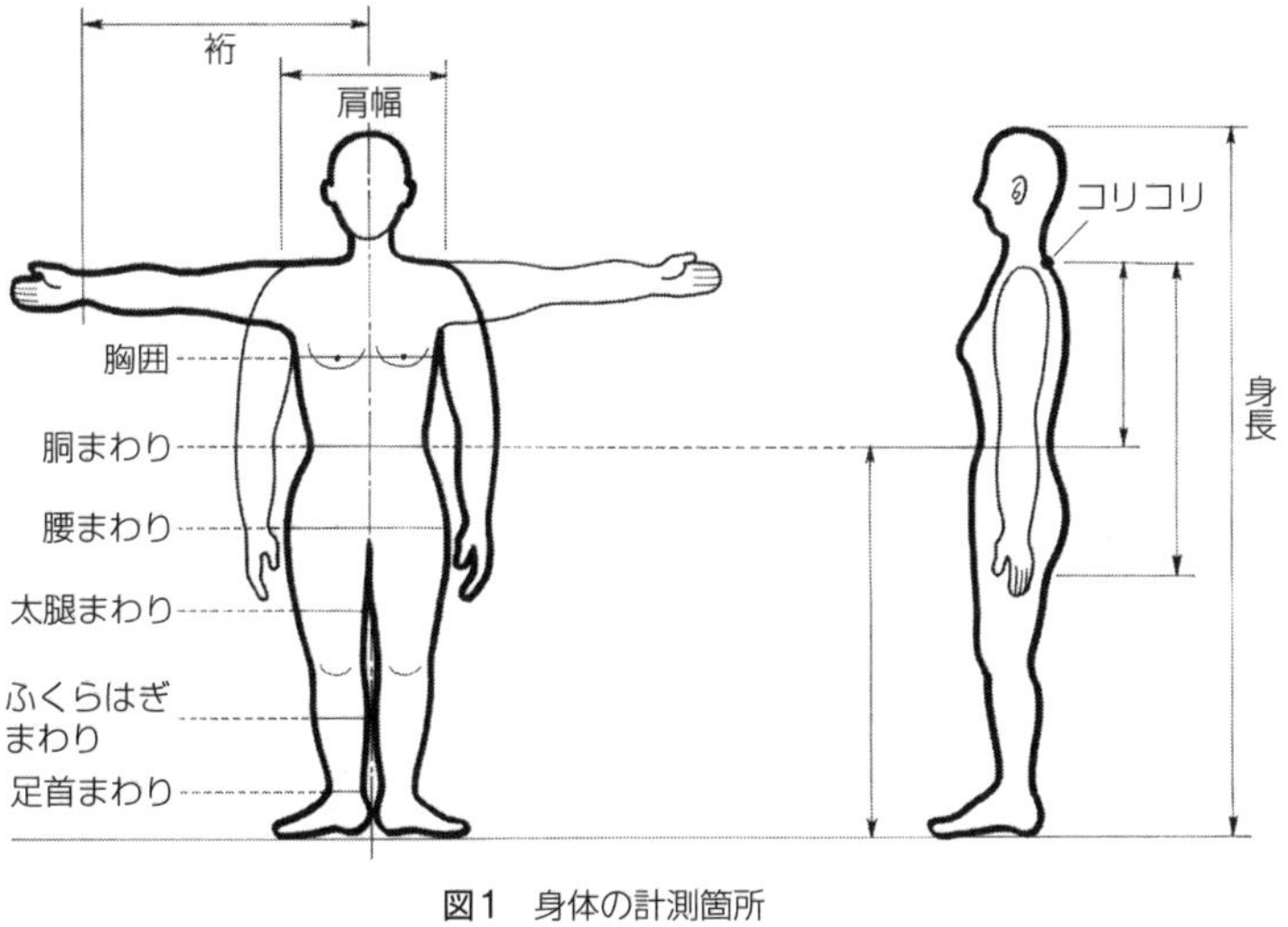

図1　身体の計測箇所

布使いと身体動作

股引の布使いには、随所に工夫がみられる。まず、脚部に経布《たてぬの》を用いることで脚と布地を密着させ、足運びを軽くする。また、股間は左右の脚部を重ねるだけで縫い閉じることをせず、これによって屋外での用足しが便利になる。さらに、尻部には緯布《よこぬの》が用いられており、開脚や屈伸動作においても尻部が引っ張られることがない（図2・3）。じつに機能性に富んだ布使いがされている。

形状に映る感性や嗜好

衣服の着こなしには、感性や嗜好が反映される。同じ形状の衣服であっても、着用者が異なればまるでイメージが変わるものである。和装時代の野良着や日常着においても、同じことがいえる。「尻が隠れる程度の丈が、いちばんきりっとしていて働き者に見えるし、実際動きやすい」とか、「あそこのヨメゴ（嫁ご）はずりさげるように野良着を着てたけど、ありゃあ格好悪い。事実、動作も鈍かったよな」など、その着こなしにこだわったり着方を批判したりする話はフィールドワークの各所で耳にする。また、「共同の田植えには絣《かすり》の野良着の下にレースの襦袢《じゅばん》を着てね、袖口をまくってレース

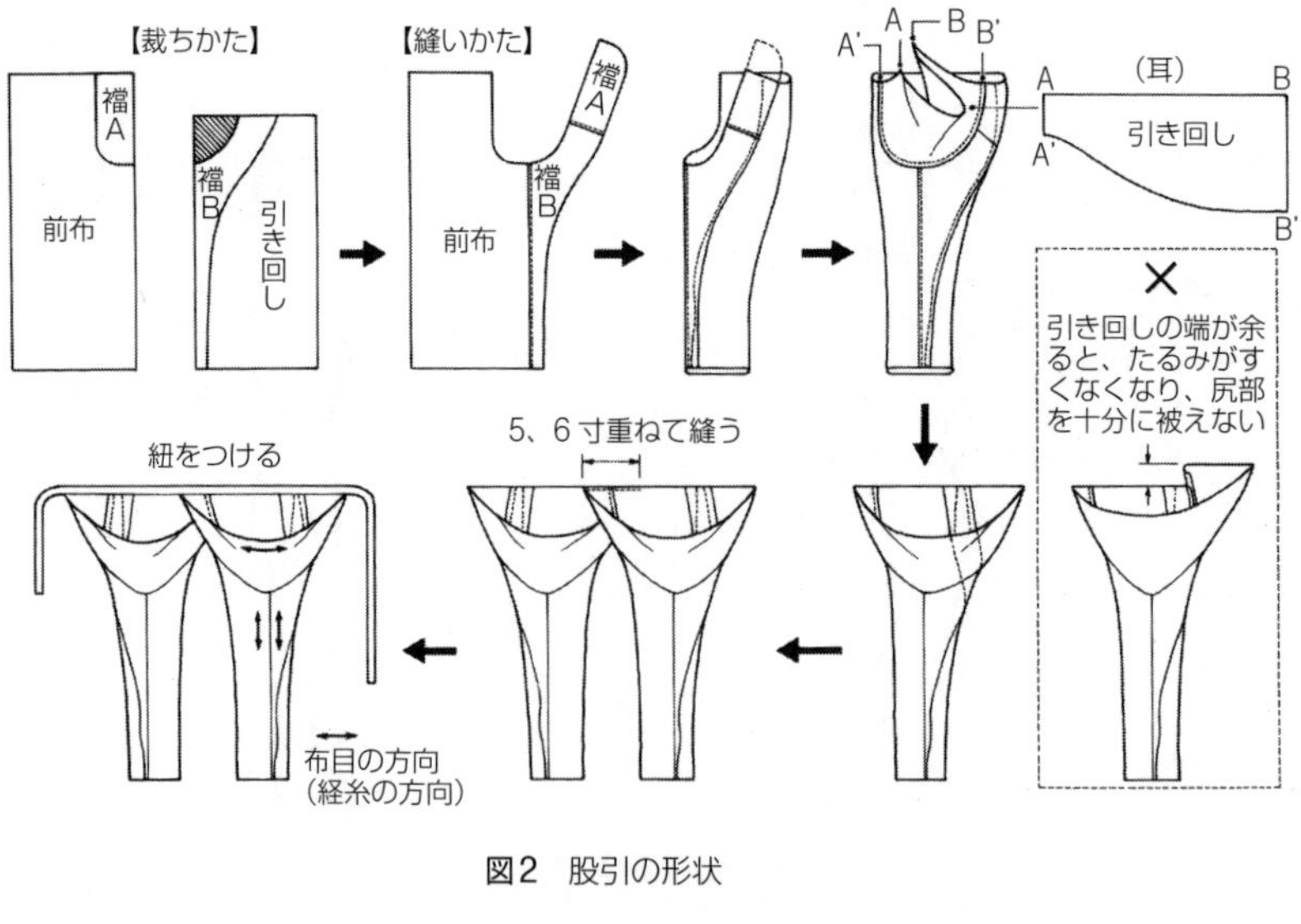

図2　股引の形状

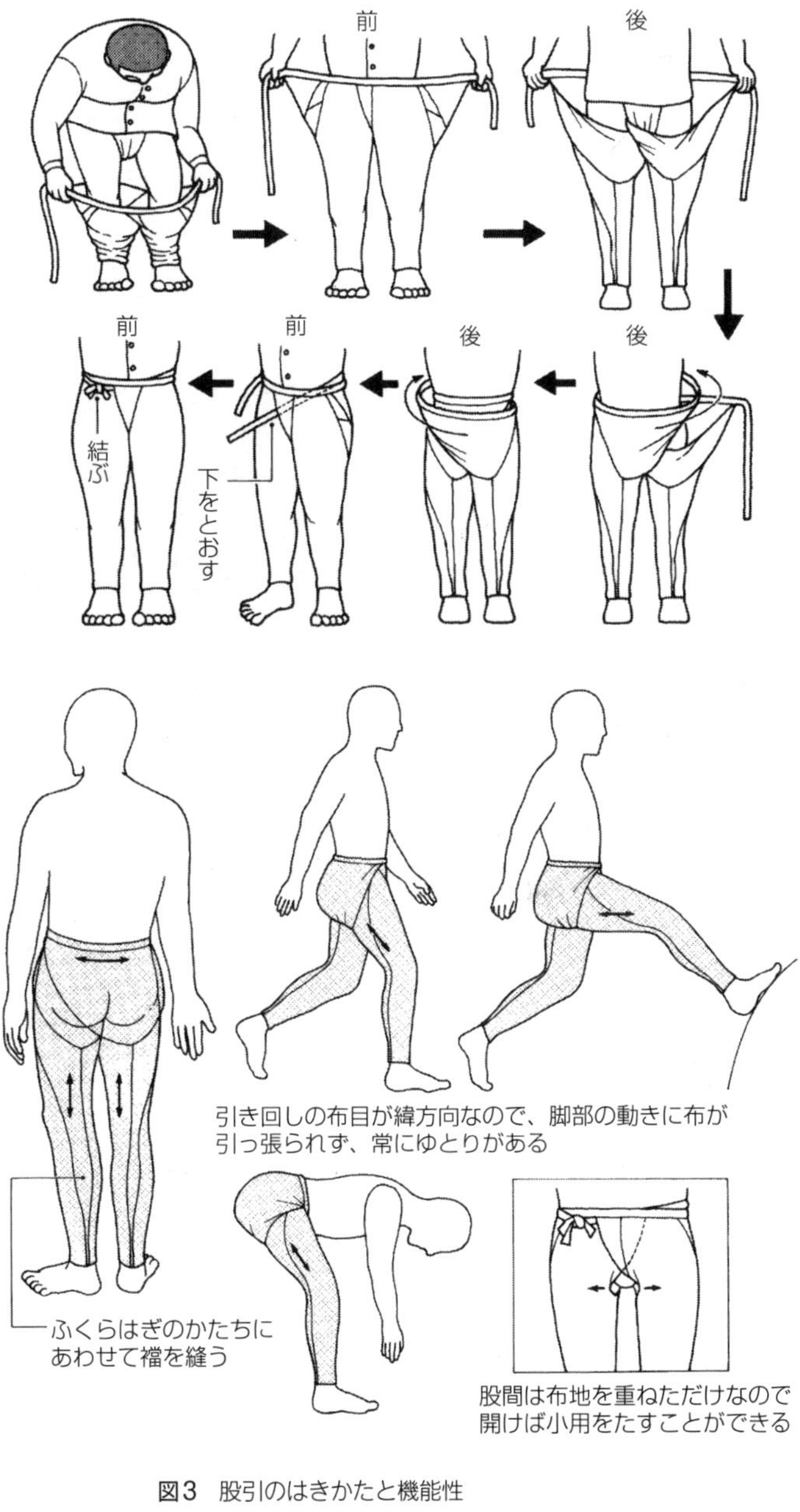
前
後
前
前
後
後
結ぶ
下をとおす
引き回しの布目が緯方向なので、脚部の動きに布が
引っ張られず、常にゆとりがある
ふくらはぎのかたちに
あわせて襠を縫う
股間は布地を重ねただけなので
開けば小用をたすことができる

図3　股引のはきかたと機能性

をのぞかせると、おしゃれだったよ」とか、「野良着の袖口布に赤や黄色やピンクのきれいなきれをつけて、袖口をまくってこれを表に出すの。前掛の紐にも同じ色を使えば、とても映えたわね」など、野良着であってもおしゃれは十分意識されていた。機能美ということばがあるが、機能的な野良着は見た目にも美しく格好がいい。また、袖口のおしゃれも単なる美しさの追求ではなく、袖口をまくることで布地が二重になって安定し、作業がしやすくなる。さらに、袖口布や襦袢のレースを表に見せることでおしゃれも楽しむことができた。まさに、用と美の同時実現である。

絣の文様は、年齢や立場にふさわしいものが適宜選択された。絣の野良着は、いわば農村で働く女性の制服であり、ゆえに文様も年齢や立場に応じて拘束性がともなう。しかし、制服は、逆に拘束性あってこその美が際立つものであり、拘束性のなかでディテール

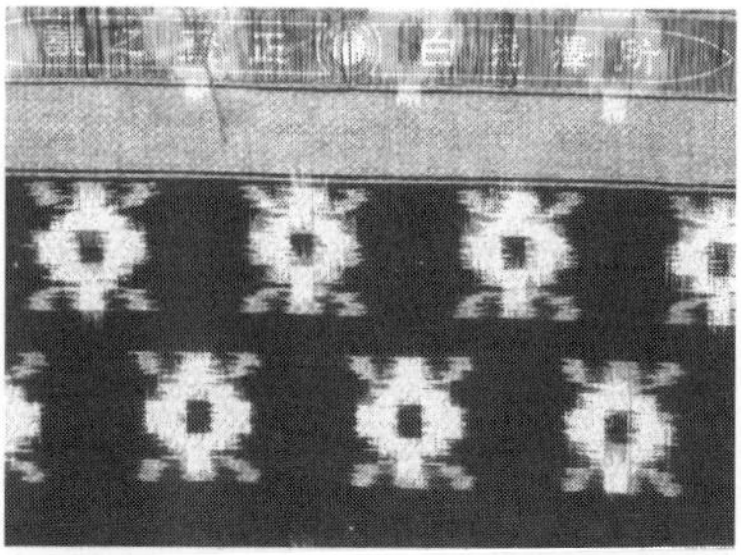

幅に4つの「かめのこ」

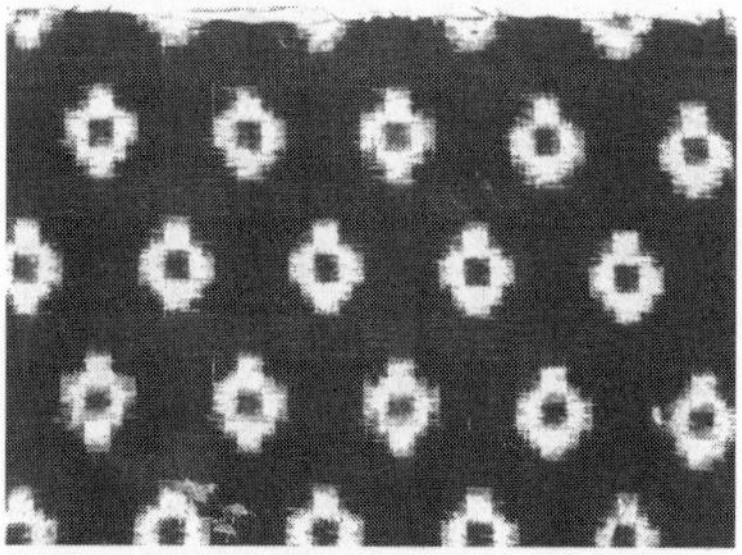

幅に6つの「文久銭」

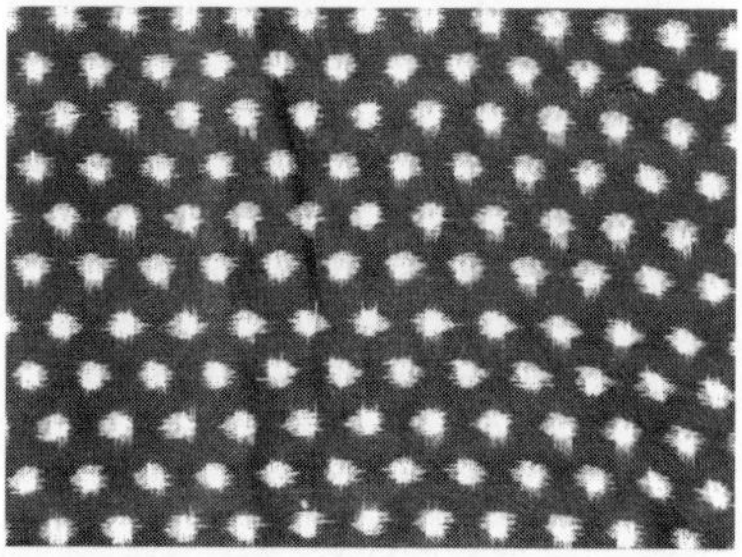

幅に14の「まるまめ」

写真　絣の文様（提供：所沢市教育委員会）

に感性や嗜好を表現することが、また楽しみのひとつでもあった。ちなみに、絣の文様は、一〇代の娘が「幅《はば》に三つ」や「幅に四つ」の大柄、二〇歳すぎのヨメゴが「幅に六つ」や「幅に八つ」、二〇代も後半となれば「幅に十」以上、三〇代は「幅に二十」以上、そして、中年から老年が「幅に五十」やそれ以上と、逐次一幅《ひとはば》に配される文様の数が増えて小柄になっていった（前ページ写真）。一幅は鯨尺の九寸五分で、約三六センチとなる。

2　衣料のまかないにみる女性の技

完成度の高い衣料リサイクル

現在は、ほとんどの人が既製の衣服を購入し、身につけている。わたしも、それに漏れない。衣服の量販店では、一シーズン着用しただけで捨てても惜しくないほどの安値で衣服が販売されている。つぎあてを施して衣服を長もちさせようとする人が、果たしていま、どれくらいいるだろうか。おそらく皆無に近いであろう。

昭和三〇年代後期から四〇年代にかけての高度経済成長期は、衣食住の暮らしに大きな変化をあたえた。既製服、家電製品、インスタント食品など、いずれも高度経済成長期以降にわたしたちの暮らしへ仲間入りしたモノである。わたしたちは、こうしたモノたちを受け入れると同時に、その代償として「作る」という行為を次第に狭めていった。これは、身体技法の低下にもつながるものである。せっかく備わっている身体の機能や感性を、使わずして錆びさせているようなものといえる。

ここでは、ある農家の女性がおこなってきた衣料のシマツ（始末）をとおして、「布が成仏するまで使いつくす技」を紹介する。シマツとは、衣料のまかない全体をさす。衣料を調えること、縫い返し、つぎあて、はぎあわせといったさまざまな手をつくして衣料を繰りまわすこと、衣料の役目を終えたものを転用・再利用すること、そして、処分すること――これらすべてをふくむ。

事例としてとりあげる農家は、埼玉県所沢市中富において狭山茶を中心に畑作を営む田中茂家である。ここでは、非常に完成度の高い衣料リサイクルが実践されていた。

田中茂家のプロフィル

田中茂家が所在する所沢市中富は、武蔵野台地の中央部に位置し、一六九四年（元禄七年）から一六九六年（同九年）にかけて開発された三富新田《さんとみしんでん》のひとつである。田中家の本家は開発当初の入植者で、ここから分家した茂家は、茂さん（昭和九年生まれ）で六代目となる。三代目の由太郎さん（万延元年生まれ）までは、農業のかたわらうどんなどを供する店を経営していたが、四代目の勝五郎さん（明治一三年生まれ）から本格的な茶業農家に転じ、現在にいたっている。

衣類のシマツの担い手

一九九四年（平成六年）、田中家では主屋を新築するにあたり、そこに収められている家具から諸道具、衣料にいたる生活物資の整理をおこなった。その際に納戸から出てきたのが、膨大な数にのぼる古い衣料群である。なかには鼠害などで形状をとどめぬほどに傷んだものもあったため、それらをのぞく五七九点を所沢市中富民俗資料館で受け入れることとなった。資料館では、虫干しをほどこしたうえで錫板張りの茶箱に防虫剤を入れて衣料を保管し、ここから一点ずつ、わたしが茂さんと妻のみよ子さん（昭和八年生まれ）から聞きとり調査をおこなった。

調査の結果、衣料の多くは四代目の妻・シチさん（明治一八年生まれ）がシマツしたものであることが判明した。シチさんは「手ミシン」の異名をとるほどに裁縫達者な人で、一九七九年（昭和五四年）に亡くなるまでせっせと雑巾を縫っては地元の小学校に寄付していたという。なぜ雑巾なのか、当時はすでに衣料を繕う必要がなかったからである。みよ子さんの記憶では、一九五六年（昭和三一年）に嫁いだ当初には、まだシチさんは衣料の繕いをおこなっていたが、そのころから次第に既製品が出まわるようになり、それにともなってシチさんが繕う頻度も低下していった。そして、シチさんの手がつくされた衣料はその後、長いあいだ納戸で眠ることとなったのである。

ボロとオサスリ

茂さん・みよ子さん夫妻の協力を得て納戸の衣料を分類すると、それは「一張羅」「いい着物」「ちょいちょい着」「家着」「いい仕事着」「ボロ」に格づけされた。このうち、「一張羅」と「いい着物」はオサスリと呼ばれ、対して、傷んで繕いの手が加えられた野良着はボロと呼ばれる。ボロとオサスリ、これらは対極に位置するもので、そのとりあつかいかたにも大きなちがいがある。当主曰く、「ボロはぶちこむ、オサスリはしまう」のだそうだ。事実、納戸から出てきた衣料のうち、冠婚葬祭のハレギとするものは、時代を超えても箪笥にきちんと収められていたが、ボロは空いた茶箱などに無造作にぶちこまれていた。衣料は格によってとりあつかいかたが変わる。逆に、とりあつかいかたが衣料の格を決めるともいえる。これは、今日のわたしたちの衣生活にもあてはまることである。

格づけでは、仕事着にも興味深い事実が確認された。同じ仕事着でも「いい仕事着」を別格としているのである。「いい仕事着」とは、よそゆき着に相当する野良着であり、これは近所や親戚同士の共同作業に限定して着用される。共同作業は、水田地域の場合であれば田植えとなるが、武蔵野台地上で水田のない中富においては、茶摘《つ》みがそれにあたった。一九五六年に嫁いだみよ子さんは、大柄の絣の野良着を持参し、これにレースの襦袢を組み合わせて茶摘みに臨んだという。

こうした衣料の格づけと着分けは、時と場と立場を明確にするものであり、その背景には地域社会の成員としての自覚がうかがえる。

布使いの技

「ボロは東海道よりひどい」と、茂さんはいう。つまり、五十三つぎ（次）にも勝る多くのつぎがあてられているというのである。まさに、田中家の野良着には、数え切れないほどにつぎあてをほどこしたものが多くみられた（図4・5・6）。しかし、そのつぎあては、不思議と表には響いていない。裏を返せばつぎあてだらけでも、表からはそれがわからない。似た色柄の端切れを内側からあて、できるだけ表に響かないように針をすすめているからである。また、ヨコッツギは禁物とされ、必ず布目を揃えることも守られた。つぎあてひとつをとっても、そこには女性の、シチさんの技が存分に発揮されていたのである。

「たまか三両ボロでも捨てず、いつか世に出ることもある」

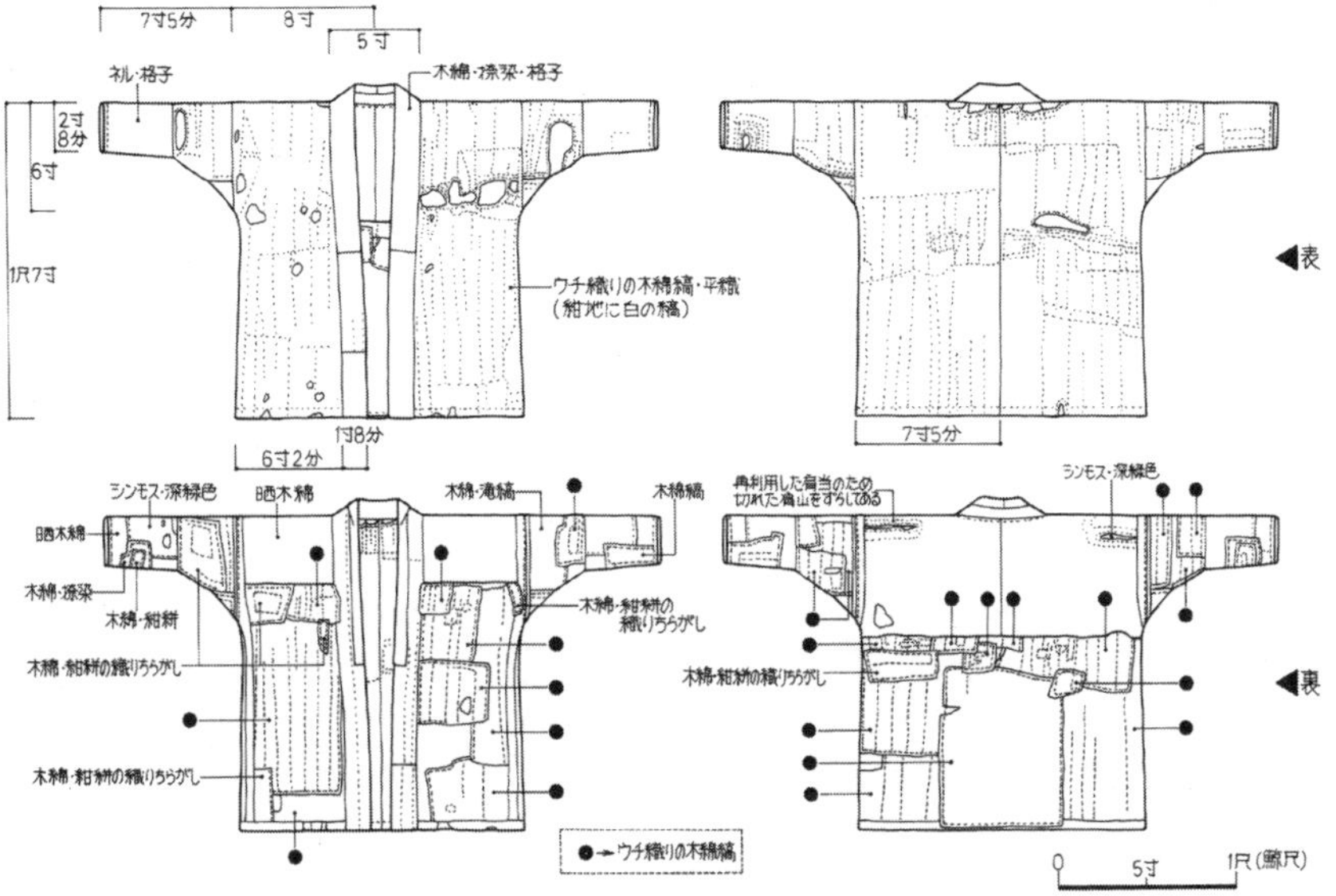

図4　男物のコシッキリ
上図は表側、下図は裏側（所沢市中富民俗資料館蔵）

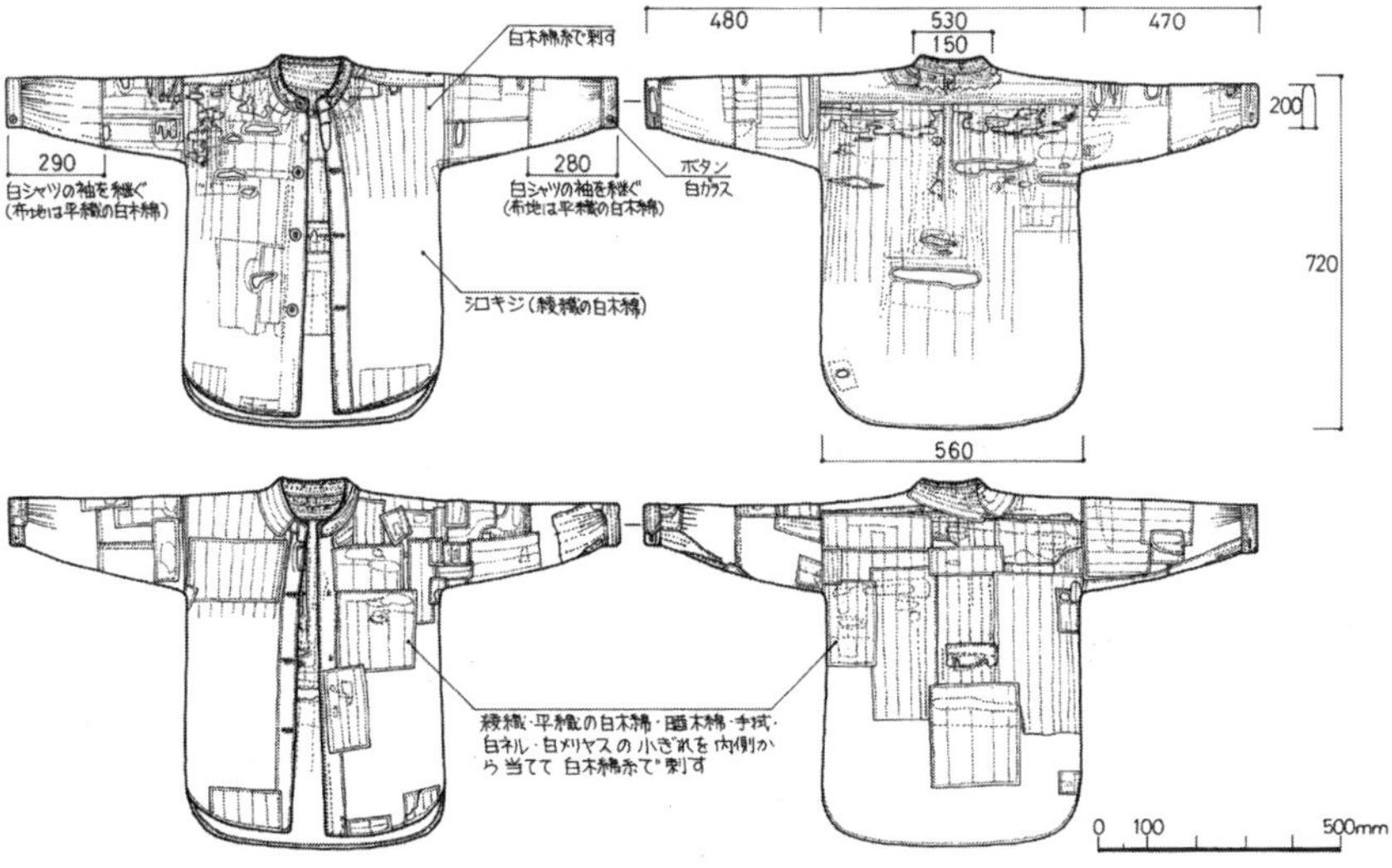

図5　男物のシャツ
上図は表側、下図は裏側（所沢市中富民俗資料館蔵）

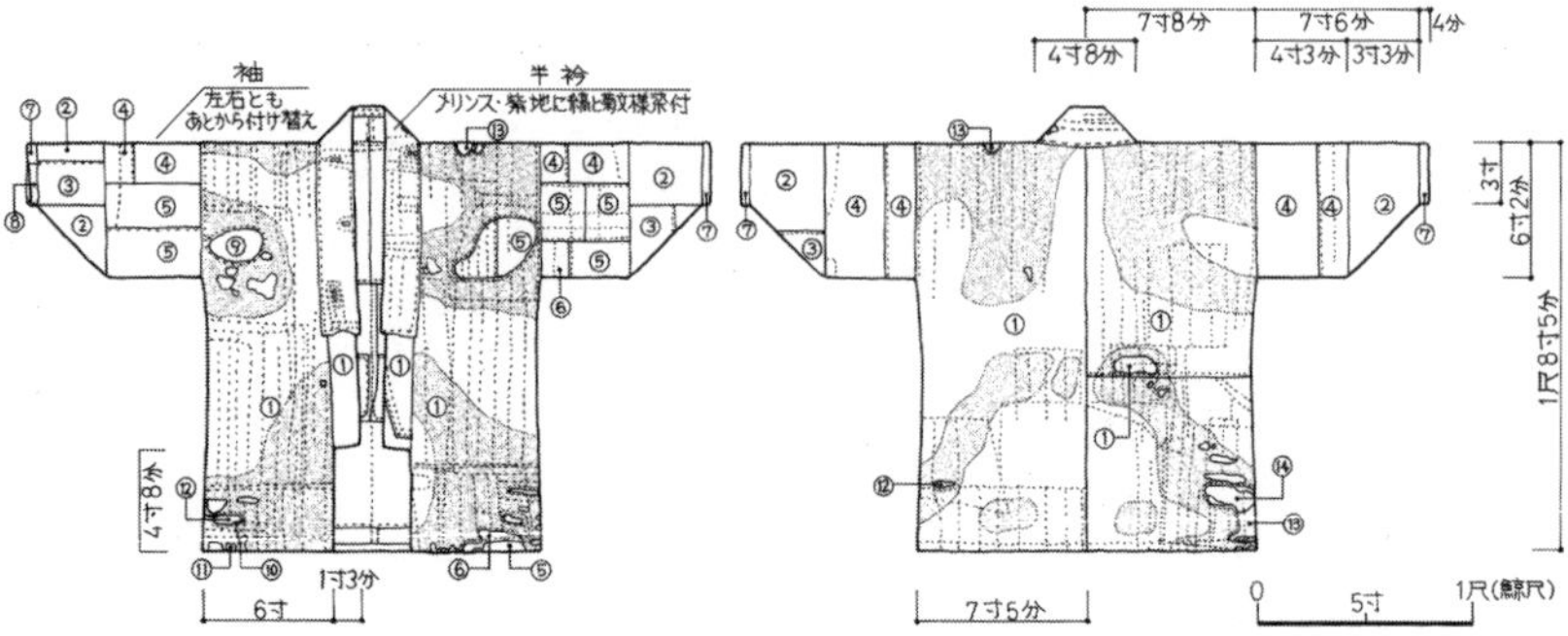

▼用いられている布地

①	木綿紺絣(幅に1様の板絣)	⑥	木綿紺絣(小柄の十の字)	⑪	木綿紺絣(板絣)
②	木綿半幅帯地(茶地に白の幾何模様)	⑦	紺別珍(褪色している)	⑫	木綿紺無地(平織)
③	木綿紺絣(幅に8つのボタモチ)	⑧	木綿紺無地(綾織)	⑬	木綿紺絣・織りちらかし
④	木綿紺絣(幅に8つのボタモチ)	⑨	木綿縞(紺地に浅葱の万筋)	⑭	浅葱木綿(平織)
⑤	木綿紺絣(小柄の3本井桁)	⑩	木綿紺絣・織りちらかし		

布地が褪色して傷んでいる部分

※ ④の木綿紺絣は織りじまいの部分を利用　※ ⑩⑬の織りちらかしは紺絣の残り糸で織ったもの
(旧所有者の田中茂家では、機屋の下請けで所沢絣の賃機を織っていた)

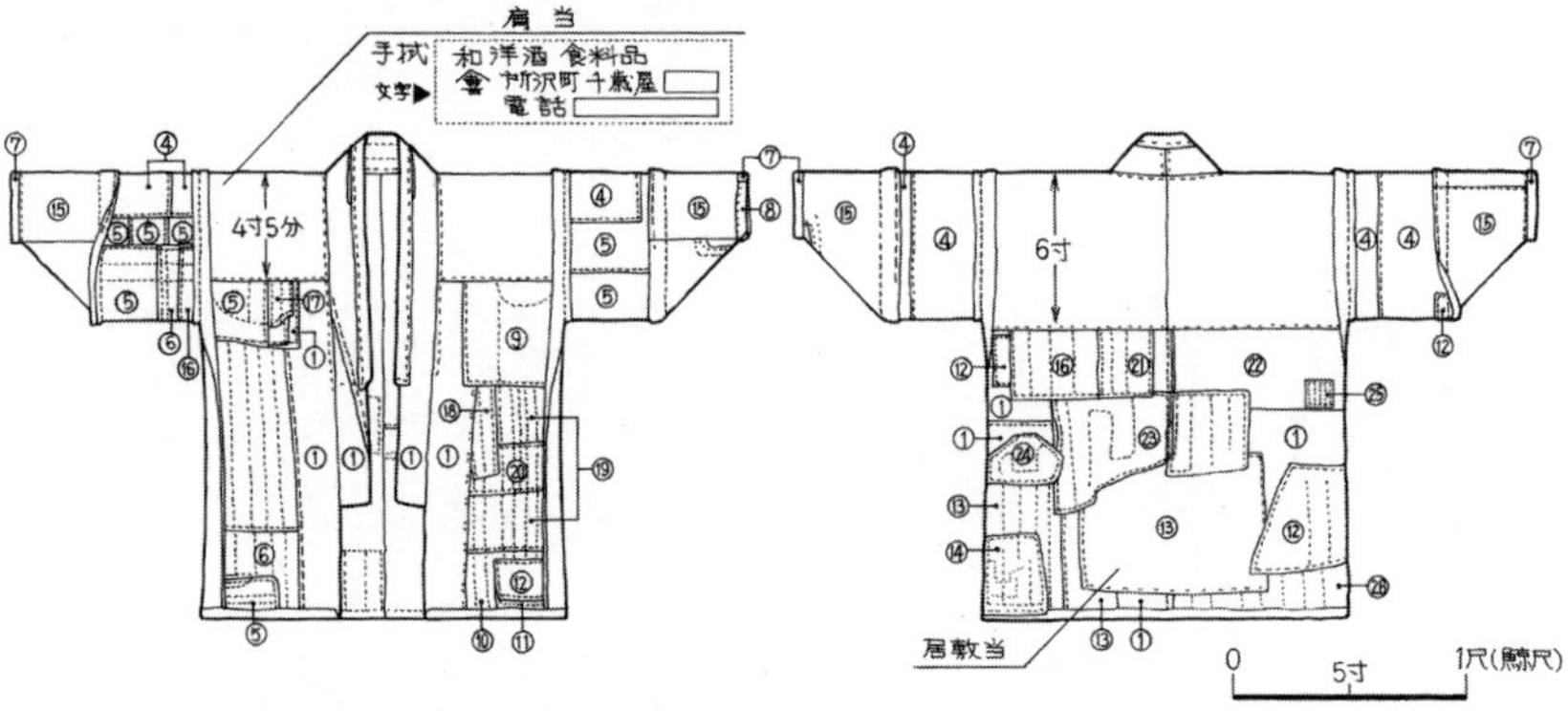

▼用いられている布地(①~⑭の布地は表にも出る)

⑮	濃浅葱木綿(平織・織目粗い)	㉑	木綿縞(紺地に白の2目2目縞)
⑯	木綿縞(紺地に白の4目2目縞)	㉒	捺染木綿(紺地に白の縞と十の字)
⑰	木綿紺絣(幅に80の板絣)	㉓	捺染木綿(紺地に白の菱形と木瓜)
⑱	木綿紺絣・織りちらかし	㉔	灰味紫無地(平織・織目粗い)
⑲	木綿縞(緯に絣糸織り込む)	㉕	浅葱木綿(平織・織目粗い)
⑳	木綿縞(黒地に白の縞)	㉖	木綿紺絣・織りちらかし

図6　ノラジバン
下着として着用、上図は表側、下図は裏側(所沢市中富民俗資料館蔵)

これは田中家に伝わる教えのひとつであり、小銭をこつこつと貯めていけばいつかは三両になるのと同じように、ボロも捨てずにとっておけばいつかは出番があるという。事実、家族での農作業や脱穀などの埃っぽい仕事は、ボロで十分であった。また、いよいよボロになって表着としての役目を終えても、寒い時期に防寒用の下着として重ねることができる。ただし、下着ならどうでもいいということはなく、袖口や襟など表に映る部分にはきれいな布地を用いた（図6）。布使いの潔さや割り切りのよさが、布使いからうかがえる。次ページ図7のジバンは、当初から冬用の下着として仕立てられたもので、身ごろには格子柄の綿ネルが用いられている。綿ネルは昭和三〇年代のものである。また、肩当の手拭には「所沢市」「第十回」の文字が染められており、所沢市の市制施行が一九五〇年（昭和二五年）であることから、一九六〇年（昭和三五年）ごろのものと判断できる。つまり、このジバンは一九六〇年代なかごろに仕立てられた可能性が高いことになる。しかし、どっこい裏を返せば、そこには大正時代から昭和戦前期の端切れが数多く用いられている。時代を超えた端切れたちが、一枚のジバンに生きているのである。

衣料のなかには、その予備軍もふくまれていた。本来衣料ではない粉袋や肥料袋を、空になると解いて洗い、丹念に火のしをかけ、畳んでとっておいたのである。そして、肌着の襦袢やズロース、あるいは風呂敷へと再利用した。粉袋や肥料袋は、内容物が漏れないよう織り目が詰んでいるので、生地がノメッコク（滑っこく）、肌着には重宝されたという。

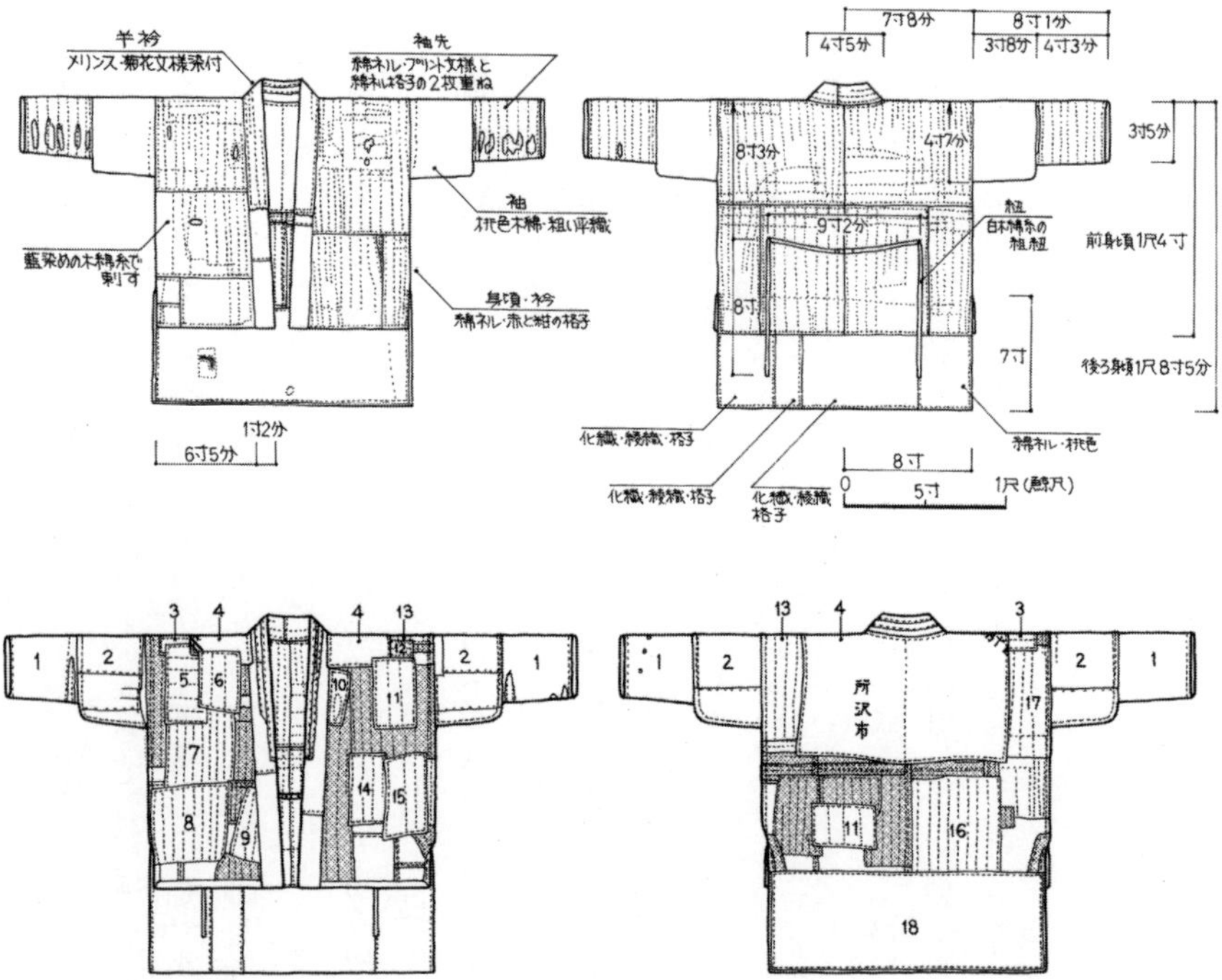

▼ 裏側に用いられている布地

番号	用途	布地	番号	用途	布地	番号	用途	布地
1	裏袖	シンモス・深緑色	7	つぎあて	シンモス・えんじ色	13	つぎあて	シンモス・小豆色
2	裏袖	木綿・白絣・井桁	8	つぎあて	シンモス・赤	14	つぎあて	化繊・綾織・市松文様
3	つぎあて	シンモス・薄桃色	9	つぎあて	木綿・水玉文様プリント	15	つぎあて	新銘仙（ガス銘仙）の絣
4	肩当	手拭「第十回 所沢市」の文字入り	10	つぎあて	シンモス・えんじ色	16	つぎあて	木綿格子
5	つぎあて	木綿縞・絣糸入り	11	つぎあて	シンモス・藤色	17	つぎあて	シンモス・赤（褪色している）
6	つぎあて	ニコニコ（捺染木綿）	12	つぎあて	木綿・粗い平織・レンガ色	18	裾回し	木綿・花びら文様プリント

（網掛け）→ 表の身頃と同じ布地でつぎあて

図7　ジバン
上図は表側、下図は裏側（所沢市中富民俗資料館蔵）

繰りまわして成仏させる技

田中家における衣服の調達方法には、「布を織って衣服に仕立てる」「反物を購入して衣服に仕立てる」「呉服店や足袋屋で誂《あつらえ》る」「既製品を購入する」がある。そして、着用し、傷んだ衣服は、縫い返し、つぎあて、いいとこどりのはぎあわせ、縫い替えといった繕いの手をほどこすことで、その寿命が延ばされた。縫い返しには、前後身ごろの交換、裾と肩山の天地替え、袖口と袖付の交換といった方法がある。また縫い替えでは、長着一枚からおむつ七枚を縫ったり、モンペ二本を縫ったりした。さらに傷むと、これを細く裂いてボロオビの緯糸《よこいと》代わりに用いたり、雑巾に縫ったり、機械拭きのウエスとして使ったりした。そして、しまいには燃やされて成仏となる。藍染めの綿布をいぶす煙は蚊などの虫を避ける効果があり、燃やした灰は畑に肥やしとして還元できる。まさに、無駄のない衣料リサイクルといえる。

今日、わたしたちがおこなっているファイバーリサイクルは、それに名を借りて衣料を体裁よく捨てているにすぎない。暮らしのなかから放出するのは、捨てるのと同じことである。田中家にみる衣料リサイクルは、まさに暮らしのなかで完結していた。同じことを現代に実践するのは非常にむずかしいが、自らのワードローブを再確認し、衣料の最期を見届ける意識を、田中家から学びたいものである。

宮本八恵子（みやもと・やえこ）

一九五四年（昭和二九年）生まれ。埼玉県所沢市にて猫たちに囲まれて暮らす。フィールドワークとの出会いは一九七九年（昭和五四年）。当時、美術大学でデザインを学んでいたわたしは、「温故知新」の大切さを知り、課外ゼミ「生活文化研究会」に所属して民俗・民具の聞きとり調査をはじめる。卒業後は東京農業大学農業資料室にて古農機具類の調査をおこない、その後、フリーのフィールドワーカーとなる。自らの足元を見つめる調査を信条とする。

* * *

■わたしの研究に衝撃をあたえた本『知的生産の技術』『日本奥地紀行』

一冊にしぼることは非常にむずかしい。よって、梅棹忠夫著『知的生産の技術』とイサベラ・バード著『日本奥地紀行』の二冊を紹介する。前者は、フィールドワークで採集した情報をいかに整理し読み解いていくかという方法が述べられている。後者は、イギリス人のイサベラ・バードが明治前期の関東から東北地方を廻った旅行記であり、「あたりまえの暮らし」という民俗文化が随所に記録されている。

梅棹忠夫著
岩波新書
一九六九年

イサベラ・バード著
高梨健吉訳
平凡社東洋文庫
一九七三年

平凡社ライブラリー
二〇〇〇年

在来作物とフィールドワーク

——山﨑彩香

1　在来作物とは

在来作物とは、「ある地域で、世代を越えて、栽培者によって種苗の保存が続けられ、特定の用途に供されてきた作物」[1]のことをいう。「世代を越えて」というのは、一般的に「明治以降の近代育種がはじまる以前から、いままで」という意味だが、それぞれの地方によって、栽培がはじめられる時期の定義はすこしずつ異なっている。また、「在来野菜」「伝統野菜」「伝承野菜」「ふるさと野菜」というように、作物全体ではなく野菜に限定して呼んでいるところも多く、有名なものには「京の伝統野菜」や「加賀野菜」などがある。

2　なぜフィールドワークなのか

在来作物を知るために、フィールドワークはもっとも重要な手段のひとつとなる。

在来作物は、できの良し悪しが土地によって大きく作用され、現地でなければうまく栽培できないものが数多くある。たとえば、温海《あつみ》カブで有名な山形県鶴岡市一霞《ひとかすみ》（旧・西田《にした》川郡温海町《がわあつみまち》）では、いまでもこのカブを焼畑で栽培する。現地の人はもちろん、近隣の村の人からも、「一霞でないと、本来のカブができない」という声がきかれる。小さな山をひとつ隔てただけでも、ちがいが出てくるのだ。また、鳥取県米子市旗ヶ崎《はたがさき》（旧・西伯郡《さいはく》住吉村《すみよしむら》）は肥沃な砂地で、かつては赤カブの大産地であった。宅地化がすすんだため、場所を移して栽培してはみたけれど、以前のようないいカブができなくなってしまったという、いまでは系統の保存程度の栽培を続けている。

在来作物は、長い年月をかけて現地の風土に適応した。それゆえに、その土地に足を運び、まず話を聞くことが、どうしても必要となる。

実際のフィールドワークの現場では、個々の在来作物の由来、つまり「その在来作物が、どのようにその土地まで伝播してきたか」をたしかめるだけでなく、その土地で毎年循環し続ける生業のなかで、人びとが季節とともにどのように在来作物をあつかってきたのかを聞き書きすることになる。カブでいえば、種のとりかたや具体的な栽培のしかた、その調理法や食べかた、保存方法などにはじまって、在来作物にかける現地の人びとの精神的な思いなどもふくめて網羅的に聞きだすことにつとめるわけである。調査する者が自分の足を使って現地に向かい、お忙しいなかで土地のかたにお話を聞かせていただくことで、ようやくそれぞれの在来作物を理解する入り口にたどり着くことができる。

在来作物研究の先達に、元山形大学農学部教授の青葉高先生がおられる。先生は、蔬菜《そさい》園芸学の研究のかたわら、たびたび農村に足を運んで在来作物を調査し、それについての研究や紹介をしてこられた。著作には、北海道、東北地方の野菜の在来品種についての特性や来歴、栽培についてまとめた『北国の野菜風土誌』(2)や、その全国版で、主として在来品種全体の類縁関係やそれらの渡来・移動の経路、いきさつなどをまとめた『野菜　在来品種の系譜』(3)などがある。これらのなかで青葉先生は、「在来品種のように古くから伝わってきた作物の形質、それを表現する遺伝因子は、その祖先が何であるかを、祖先の遍歴してきた渡来経路を、その間に移り住んだ土地の環境条件の影響を、また人びととのかかわりあいの様相を、保持し伝えている」と述べ、在来品種の価値を、食品であるとともにひとつの「文化財」であるとした。また、記録のすくない野菜について、「結局現在残っている在来品種のもつ形質―遺伝子と、名称、栽培法、料理法などの民俗学的な面から、その歴史を検討する以外に方法はない」と述べ、在来品種を「生きた証人」であるとも述べている。しかし、高度経済成長の過程で、多くの在来品種は日本の農村から急速に失われていった。

広島県東広島市に「財団法人広島県農林振興センター　農業ジーンバンク」という施設がある。ここには、広島県の野生種や在来種をふくむ日本各地の種子が保存されており、それらの数は、あわせて五二〇〇点以上――豆類約一六〇〇点、雑穀や特作類約一〇〇〇点、野菜類が約二六〇〇点――にものぼっている。一九九五年（平成七年）にまとめられた「広島県における植物遺伝資源の探索と収集　植物遺伝資源探索・収集ローラー3か年作戦報告書」によると、一八九五年（明治二八年）当時、県内で栽培されていた水稲《すいとう》は、五〇〇余種にもなったという。一方、広島県が一九九五年に推奨品種として原種を提供している粳米《うるちまい》は――近県に比較して多いといわれるものの――わずかに一一品種にすぎない。[4]

広島県は、平地がすくなく、集落は山地で隔絶され、気温や降水量の差は大きく……といった具合で、東北から南九州に匹敵するほど幅広く多様な環境を有しており、とても数品種ではまかないきれないほど地域性が強いといわれる。それにしても、この五〇〇余種という水稲の種類の数は、びっくりするような数字だ。そして、この栽培されなくなった水稲ひとつひとつに、人間とかかわった物語があった。せめてあと一世代、三〇年はやかったらさまざまな話を聞けたのではないかと思うが、いまおかれたこの現状を受けとめざるをえない。

3　消滅に向かった在来作物の道

高度経済成長期以降、日本では、万人受けのする商業品種が盛んに栽培されるようになった。それまでの在来品種に代わって栽培されるようになったＦ１品種は、病虫害に強いもの、低温や寡日照などさまざまな不良環境下での栽培に適応するようなストレスに強いもの、農業従事者の減少や高齢化などに対応するための省力・軽作業ができるもの、高品質のもの、機能性成分の高いものなどを目ざして育成され、その果たす役割はとても大きいものだった。[5] 野菜の周年集荷も可能になったし、栽培しようとする品種の選択もできるようになった。無農薬で栽培しやすいものもある。

ただ、Ｆ１品種はそれまであった固定種のように自分で採種することがむずかしいため、種子は種子屋で購入する必要が生まれた。また、一方で、種子屋に人びとが足を運ぶこと

Ｆ１品種
別品種の交配によってつくられた新品種の一代目。今日、品種改良されてできた作物の新品種のほとんどが、Ｆ１だといわれている。

で、これまで土地になかった固定種の栽培が全国に広がることにもなった。その土地ならではの在来作物の種が、現代のすみやかな商品流通のネットワークに乗って、ほかの土地でも栽培できる時代になってきたのだといえる。

先に述べた「農業ジーンバンク」の船越建明氏は、在来種に注目が集まっているものの、その採種がおろそかになっている現在、それらの貴重な品種の特性を維持し続けるためには、だれでもができる交雑させない採種法の普及が必要だとして、良質な種子を採ることを訴え続けている(6)。

たとえば、山形県鶴岡市藤沢では、カブは、春になって花が咲き、莢《さや》がふくらんできたら花茎を刈りとって乾かし、種子を採る。「ソトメ（早乙女）の手足見せるな」といって、まだ田植えがはじまらない五月二〇日ごろ、二、三の花がのこっている花茎を刈りとる。岩手県二戸《にのへ》市上斗米《かみとまい》では、三月一六日を「種おろし」と呼んでいる。この日、「農神様《のうがみ》が種っこをもってお下りになり、九月一六日にはまたお帰りになる」のだという。採種のしかたひとつとっても、その地域でもっとも適した採種方法が伝承され、その土地ならではの採種にまつわる伝承が語られてきたのだった。

フィールドでは、こうした伝承を聞くこともできるのだが、すでに失われてしまった在来作物も数多くある。なくなったら二度ととりもどせない。代償があまりにも大きいことに気づかされる。

4　宮城県気仙沼市大島にて

あのすさまじい津波が、気仙沼にも容赦なくおし寄せた東日本大震災。そのわずか二か月前の二〇一一年（平成二三年）一月三日、ここで栽培される在来のカブを求めて、気仙沼市の大島《おおしま》にわたった。そのときの話を、すこし書いてみよう。話者は、熊谷壽《す》ん子さん、菊田トキ子さん（ともに昭和二年生まれ）のおふたりである。

・大島で栽培される在来のカブ（写真1・2）は、単に「カブ」と呼ばれる。スーパーで売られるいわゆる白いカブは「デーコンカブ」と呼ばれ、それと区別する場合には、在来のカブを「ニンジンカブ」と呼ぶ。かつて島では、松前に出稼ぎに行った人びとが多く、そのひとりが島にサトウダイコンをもち帰り、ニンジンと交配させてこの甘いカブができたという。このカブは、ニンジンの色にサトウダイコンの甘さがそなわっている。寒さに強いのでつくりやすく、正月でも畑に植えてある。

・大島には、正月や旧暦一〇月二〇日の恵比寿講などハレの日につくる「カブブカシ」という料理がある（写真3）。おこわにササゲと千切りの黄色いカブが混ぜてある。カブブカシはむかしからあったが、日常食はカテメシだった。田のすくない大島では米は貴重で、このカブは荒備食で米の増

写真1　ニンジンカブと呼ばれる在来のルタバガ（宮城県気仙沼市大島）

写真2　正月、畑で育つニンジンカブ（宮城県気仙沼市大島）

量材であった。カテには、ムギやダイコンの葉も混ぜたが、カテメシにするのには、カブのほうが甘みもあって高級だった。カブは、千切りにして天日で干したり、切らずにそのまま干したカブを、凍《し》みないように炉の上の火棚に保存しておいた。

・カブやソバは飢餓年（飢饉年）の作物である。島では、カブはおかずにもなればおやつにもなった。これには独特の匂いがあるから、いやがって食べない子どももいた。一方、ソバは、ソバダンゴとかソバネッケをよくつくった。田がすくないうえ、コチ（東あるいは北東の方向から吹く風）が強くて稲が実らなかったため、カブやソバには助けられた。このソバに関して、なかなか食べない子どもたちに、次のようなむかし話を語った。

写真3　カブブカシ（宮城県気仙沼市大島）

むかし、漁に出て帰らない父親を心配した母親が、病気になって寝こんだ。ふたりの息子のうちの兄、太郎は魚を釣ってあそんでいたが、弟の次郎は母親の看病をよくしていた。しかし、看病のかいもなく母親はついに亡くなってしまった。次郎がなげき悲しんでいると神様が現れ、次郎に「おまえは、親孝行をしたから、次に生まれ変わるときにはソバにしてやる」といい、太郎には「乱暴をして母親に孝行もしなかったから、次はムギにする」といった。ムギは、寒くなるときに播《ま》かれて、霜柱で上げられて、足で踏まれて、そしてやっと暑い最中に実になって、今度は打たれて、人の口に入るまでしばらく時間がかかり、とても苦労をする。一方、ソバは、自分が一生懸命働いた証拠に、赤い足をもち、高貴な白い花を咲かせて、帝《みかど》（三角）の位《くらい》をもって実をならせて、そして「いつもあなたのそばにいて、即、お役に立つように」という意味がこめられている。だから、ソバをきらわずに、たいせつに食べなくてはならないのだ。

・カブは、ダイコンといっしょにお煮染《にし》めにして食べたり、味噌汁にもする。おやつには、大きめに切ったカブとササゲでゼンザイのようにして食べた。砂糖は高価であったし、このカブの甘みで十分だった。また、カブを煮て塩をふっても食べた。切らずに丸のまま煮たりもしたけれど、煮えにくいカブなので、二つ、四つに切ったほうが火が入りやすい。

・大島は漁師の村で、船が帰ってこないこともよくあり、神仏への信仰が厚い。正月二、三日は、箕《み》にお位牌を下ろし、仏壇から抜けた魂を箕のなかに呼びこむ。この二日間、亡くなったかたの御霊は死を離れ、四日にはまたあの世へもどるという。箕には、緑、茶、白のお供えや、故人の好きだったもの、それにカブブカシをお供えする。その日はお正月だから、「神様になってこの家を守ってください」とお願いをする。カブは、「家《か》富《ぶ》（家が富む）」になるようにと、必ず箕にお供えする。

気仙沼市大島でいうニンジンカブは、園芸的には、いわゆるカブではなくルタバガという野菜で、別名スウェーデンカブとも呼ばれる。葉の根本のほうは、橙、紫、ピンクが混ざったような色になる。北海道や東北地方の東北部では、「センダイカブ」あるいは「アタネ」と呼ばれるルタバガの在来品種が相当古くから栽培され、食用に供されていた。気仙沼地方では、カブは葉柄が赤紫色で根の内部が黄色く、甘みがあり、そのため「サツマカブ」とも呼ばれていたという(7)。

次のセンダイカブやエドカブラも、ルタバガと考えられる。

・岩手県二戸市浄法寺町門崎《じょうぼうじまちかんざき》では、カブを数種類も栽培しており、春にはセンダイカブも播いた。五月、山の木の葉が芦毛馬の色になれば、ヒエといっしょにセンダイカブを播いた。秋、ヒエを収穫するとカブを一度掘り起こしてカブアナ（写真4）に生け直し、それを冬のあいだに煮て食べていた。黄色くてテンサイのように甘く、緻密な肉質だった。割って煮ると、このカブはしこしこした。「夜打ち」といったが、ヒエ打ちをしながらこれをよく食べた（佐藤チエさん　大正一四年生まれ）。

・石川県の白山麓、下田原川《しもたわらがわ》沿いの白山市大道谷《おおみちだに》では、エドカブラ（写真5）をヒラハタで栽培した。八〇年ほどむかし、あとから入ってきた作物だった。白峰では、上手につくらないとカブの首ばかりが伸びてしまって食べるところが大きくならず、つくるのがむずかしかった。エドカブラをつくるということが当時はめずらしく、これを煮染めにして食べたが、子どものころはごちそうであった（山口甚太郎さん　大正一一年生まれ）。

写真4　カブアナ（岩手県二戸市浄法寺町）

写真5　エドカブラ（石川県白山市大道谷）

「かろうじて篩《ふるい》に引っかかったものが、もう一度集められ、温かく守られている」――わたしにとって、いまのこっている在来作物とは、そのようなイメージだ。そこから漏れた在来作物の薄れゆく多くの伝承の切れ端を、ひとつでも多く、もう一度拾いあげなければならないと思っている。

〈参考文献〉

(1) 山形在来作物研究会編『どこかの畑の片すみで　在来作物はやまがたの文化財』山形大学出版会　二〇〇七年
(2) 青葉高『北国の野菜風土誌』東北出版企画　一九七六年
(3) 青葉高『野菜　在来品種の系譜』法政大学出版局　一九八一年
(4) (財) 広島県農林振興センター　農業ジーンバンク「広島県における植物遺伝資源の探索と収集　植物遺伝資源探索・収集ローラー3か年作戦報告書」一九九五年
(5) 西貞夫監修『新編野菜園芸ハンドブック』養賢堂　二〇〇一年
(6) 船越建明『野菜の種はこうして採ろう』創森社　二〇〇八年
(7) (3) と同じ

山﨑彩香（やまざき・あやか）

山形大学大学院農学研究科修士課程に在籍中の二〇〇四年から、在来作物に関するフィールドワークをはじめる。とくにカブに関する栽培、保存、食、年中行事などを中心に調査をおこなう。現在、山形大学農学部附属やまがたフィールド科学センター技術職員。山形県内の在来作物の系統保存をふくめ、園芸作業に従事しながら、フィールドワークをおこなっている。

＊　＊　＊

■わたしの研究に衝撃をあたえた一冊『北国の野菜風土誌』

修士課程在籍中、研究をはじめるにあたって最初に読んだ本であった。本文でもふれているが、北海道、東北地方の野菜の在来品種について、その特性や来歴がまとめられている。当時、盛んに栽培されていた作物の現状や、それまで広く認識されてこなかった在来作物の探索をおこなうためにも、山形の在来作物に関する文献がすくないなかで、とても貴重なものとなった。

青葉高著
東北出版企画
一九七六年

南インド・ケーララ州の祭祀演劇　クーリヤーッタム

――鈴木正崇

はじめに

混沌と多様のインド――その人口の七割を占める人びとの根幹には、ヒンドゥー教がある。ヒンドゥー教は「日常生活のなかにとけこんださまざまな神との交流」とでもいうべきもので、日々にぎわいを見せる寺院では、早朝、正午、夜半の三回にわたって神々に供物をささげ、太鼓や笛や鉦《かね》を伴奏として複雑な儀礼をおこなう。中核にある考えかたは「賓客歓待」で、神々を遠方からきた客になぞらえ、おいしい食べもの、心を浮き立たせる音、気持ちのいい香りなどでもてなす。祭りともなれば、多くの寺院では音楽や演劇が奉納され、神像を山車《だし》に乗せて外に引き出し、たくさんの人びとの熱狂的な歓迎を受ける。多様なインドがどこかで統一されているように見える理由は、ヒンドゥー教が人びとの生活を支え、祭司階層のブラーミンが古代以来の伝統を維持し、サンスクリット語を共通の言語として、高度な思想と哲学を鍛えあげ、徹底した現世利益にもとづいて、神々への信仰を維持しているからである。

南インドの西海岸に位置するケーララ州には大きなヒンドゥー寺院があり、華麗な芸能

ヒンドゥー教
インド亜大陸での信仰で、複雑な教義、儀礼、風俗習慣からなり、西欧の「宗教」の枠組みではとらえられない。シヴァやヴィシュヌをはじめ、多くの神々を崇拝する。聖典はヴェーダで、哲学書のウパニシャッド、叙事詩のマハーバーラタ、ラーマーヤナ、マヌ法典なども聖典にふくまれる。

ブラーミン
世襲で神々に奉仕し、祭りをおこなう。現実の社会階

や演劇が多様な発達をとげている。

よく知られている演劇として「カタカリ」がある。豪華な衣装をまとい、顔面には隈取《くまど》りのような厚化粧をほどこして、パントマイムで身体表現で物語を演じる。日本の歌舞伎と比較される演劇である。

ここにはまた、カタカリよりもはるかに古い、サンスクリット語の戯曲にもとづき技巧の極をつくした「クーリヤーッタム」という祭祀演劇が伝えられ、人びとを感動の渦におとしいれる。現在のかたちになったのは一〇世紀だが、起源はもっと古いという。

クーリヤーッタムは、一般の観客の鑑賞を意図した芸ではない。寺院内のクータンバラムという専用の舞台で、祭りのさいに神への奉納芸として演じられる。近年までは門外不出で、寺院外に知られることはなかった。ただ最近は、演者が減少して存続が危ぶまれる状況になり、さまざまな手立てがこうじられてきた。寺院外に出て舞台で演じる機会も増えて徐々に復活し、二〇〇一年にはユネスコの無形文化遺産に登録されている。

このクーリヤーッタムをとおして、伝承のありかたを考えてみたい。

1　担い手

クーリヤーッタムは、クーリ（集まる）とアーッタム（踊り）の合成語で、担い手は特定の社会階層、カーストである。現地語ではジャーティ（jāti）といい、特定の職業を世襲で維持し、婚姻も同じジャーティ同士でおこなう。クーリヤーッタムの場合、ジャーティでいえばチャーキャールの男性が世襲で演技を担当し、ナンビャールの男性が伴奏打楽

層のジャーティの最高位に位して、菜食主義で浄と見なされる。観念上の区分のヴァルナの最上位のバラモンと照応し、現実と観念の社会階層が一致する。とくにケーララのナンブーディリは高い権威をもつ。

ケーララ州
西はアラビア海、東は西ガーツ山脈にはさまれ南北に伸びる。面積は三八八六三平方キロ（九州より広い）。人口は約三〇〇〇万人（二〇〇一年）。一九五六年に、マラヤーラム語を母語とする言語州として成立した。識字率が高いことで知られる。ヒンドゥー教、イスラーム教、キリスト教などが信仰されている。

カタカリ
一六～一七世紀に成立した舞踊劇で、プラーナ（古譚）や叙事詩のラーマーヤ

器である壺太鼓（ミラーヴ）をたたく。ナンビャールの家系に生まれた女性のナンギャールは女優を演じ、一部はタームラム（打楽器）打ちの役割を担ってきた。

演技にあたっては顔面に化粧をほどこすが、担当するのはナンビャールの男性である。彼らは、ブラーミンに準じる地位の寺院奉仕者（アンヴァラワーシィ）で、職能を世襲で伝えて、厳格な芸の伝統を維持してきた。パトロンであった王族や寺院から土地をあたえられるなど経済的保証を受け、クーリヤーッタムへの奉仕以外の職業につくことはなかった。一九六五年にケーララ・カラーマンダラム（公立芸術学院）で制度化された教育がはじまるまでは、伝承はカースト内で伝えられていたのである（カーストそのものについては身分差別を温存するという批判があるが、芸の維持に関しては理想的な継承方法であるといえよう）。

クーリヤーッタムの目的は、「神を和ませ、祈願の成就を願う」ことで、演技そのものが儀礼であった（写真1）。基本的にはパントマイムで、ひとりの演者が目や顔の表情と手印（ムドラー）の表現だけで複数の人間や神や魔物を演じわけ、身体のすべてを駆使する所作によって、神々の物語を表現する。一部で、神を讃えるシュローカが、サンスクリット語で唱えられる。

男優の一人芝居（ニルワーハナ）は、チャーキャール・クートゥという（写真2）。クートゥとは芝居の意味で、主人公は王に直属の道化のヴィドゥーシャカとして登場し、現地語であるマラヤーラム語の饒舌で滑稽な語りで演じる。四一日間連続して寺院で奉納することもある。

一方、女優の一人芝居は、ナンギャール・クートゥという（写真3）。寺院の祭祀では、

ナ、マハーバーラタを、男性のみが寺院で演じる。手印（ムドラー）と顔の表情で物語を表現する。独特の衣裳をつけ、入念に化粧し、性格にもとづいて顔色を塗りわける。せりふはなく、身体技法で演じ、歌と太鼓にあわせる。カター（語り）とカリ（あそび）の合成語。

ユネスコ
一九四六年設立の国際連合教育科学文化機関で、教育や文化の振興をめざす。一九七二年採択の世界遺産条約にもとづき、「顕著な普遍的価値」をもつ物件を登録して積極的に保護政策を展開している。二〇〇一年以後、無形文化遺産の保護に乗りだし、演劇や芸能、口頭伝承・伝統工芸が登録されるようになった。各国の文化政策に影響をおよぼ

クリシュナ神が活躍する物語を、何日間かにわたって奉納する。クリシュナはヴィシュヌ神の化身とされ、牛飼いの女ゴーピーとの奔放な恋愛や、怪物退治で知られる。女性の憧れの的の英雄である。ナンギャール・クートゥは、身体技法が研ぎ澄まされ、独特の雰囲気を漂わせる。

2　演技

クーリヤーッタムの維持には、驚異的な努力による日々の研鑽や修練が欠かせない。厳格な型やたくさんの決まりごとを学ぶのに、最低でも一二年はかかるとされる。

している。

カースト　現地語でジャーティ（生まれ）といい、地域の日常生活で独自の機能を果たす社会階層。一村で二〇や三〇、インド全体では二〇〇〇以上におよぶ。職業を世襲し、同一集団内で結婚し、相互間は浄・不浄の上下の階層関係にある。従

写真1　クーリヤーッタム（写真提供：ナタナ・カイラーリ）

写真2　チャーキャール・クートゥ（写真提供：ナタナ・カイラーリ）

写真3　ナンギャール・クートゥ（写真提供：ナタナ・カイラーリ）

技法には、カラリパヤットゥという武術の動きが大きな影響をあたえてきた。演技の所作は細かく規定され、目の動き、眉の使いかた、口許《くちもと》の動きなど、繊細で微妙な身体技法が駆使される。さまざまな登場人物（神々、悪霊、王、王子、姫、道化、獣など）の物語や、恋愛や死闘などの筋書きと場面は、二四種類のハスタ・ムドラーという手指の印で丹念に示される。これに、歌詞に対応する気分や物語を、アビナヤ（演技・しぐさ）で、目、眉、唇など顔の表情を使って細やかにあらわす。とくに、ネートラ・ムドラーとよばれる視線と瞳の微細で変幻自在な動きが重視される。身体のすべての部位を駆使し、五感を極限まで働かせることで、独自の感覚や雰囲気が生まれる。

表現の基本は、ラサ（情趣）である。古代インドの演劇理論書『ナーティヤ・シャーストラ』（三世紀）によれば、感情表現としてバーヴァ（感情）と八種のラサ――シュリンガーラ（恋情）、アドゥブタ（驚き）、ヴィーラ（力あふれる）、ハースヤ（滑稽）、ラウドラ（怒り）、バヤーナカ（恐怖）、カルナ（慈愛）、ビーバッサ（嫌悪）――が重視されていたが、現在ではこれにシャーンタ（寂静《じゃくじょう》）が加わり、「ナヴァ・ラサ」（九つのラサ）が演技の基本になっている。クーリヤーッタムでは、ラサのうちシュリンガーラが重視される。

男優は、顔全体に緑、赤、黒を基調にした鮮やかな化粧をほどこし、色や装飾で役柄の性質をあらわす。緑は高潔さや英雄、赤は激しい怒りや暴力、黒は恐れや嫌悪などである。色は、天然素材の顔料や藍や煤《すす》などを用いる。眼のなかにはチュンダという花のめしべの基の部分を入れて白目を赤く染め、眼の下に太く黒い隈取りをして、眼の表情を強調する。

上衣の色は化粧の型と色彩に対応し、緑にたいしては赤と黒の縞模様、黒髭には黒、白髭には白で、下半身には長い白布を独特のスカート状に巻く。また、チュッティという曲

来は、現地語のヴァルナ（varna　色）の体系、バラモン（司祭）、クシャトリヤ（王侯・戦士）、ヴァイシャ（農牧商民）、シュードラ（隷属民）に充当し、身分階級とみなされてきたが、観念的な社会の枠組みである。ポルトガル人が一六世紀に現地の社会構成をカスタ（casta　血統）とよび、英語でカースト（caste）になまった。

ジャーティ
「生まれ」を意味し、英語ではカースト。最上位のブラーミンが浄、それより下位を不浄として階層化され、経済的な相互依存関係にある社会階層。祭司、書記、農業、椰子酒づくり、金細工、壺づくり、洗濯屋、鍛冶屋など、高度に分業化されている。

線形の白紙のつくりものを顎に沿って立てて貼り、顔の表情を際立たせる。役割に応じて頭冠も決まっており、着付けの最後の段階でつける。

女優の化粧は一種類と単純で、黄色がかった肌色に眼の隈取りをくっきりと描く。直面《ひためん》に近いので、男優に比べて豊かな表情を表現することができる。

化粧は、祈りにはじまり、三時間ほどかけてメイクアップをおこなって、演者たちは徐々に神話世界に入っていく。

伴奏の打楽器の主体は、クーリヤーッタムだけに使用される、ミラーヴという二個の壺太鼓である。これは、口に牛皮を張った高さ約一メートルの銅製の壺（古くは素焼の壺）で、素手でたたいて音を出す。一方は拍子を保ち、他方は演者の動きに即興的にあわせて独特の音の世界を現出する。上演に先立って舞台にミラーヴが鳴りわたると、天上、地上、地下の神々、魔物、人間、獣たち、生きとし生けるものが集まってくるという。

場面や情景に応じて、締太鼓のイダッキャが加わる。肩につるして撥《ばち》でたたき、紐の締め加減で微妙に音程を変える。寺院での神歌《かみうた》の伴奏に使う神聖な楽器で、マッラール（ジャーティ）が世襲で伝承する。イダッキャは、通常は寺院の内陣の外壁につるされていて、外には出さない。

ナンギャールが小さなシンバルのターラムで拍を打ち、演技の一部でサンスクリット語のシュローカ（詩頌）を朗誦する。吉祥のシャンク（法螺貝《ほらがい》）は、神招きと神送りに吹かれる。多様な音が、目に見えない世界との交流に使われるのである。

クーリヤーッタムは、ヒンドゥー寺院内の特別な建物クータンバラムで上演されたので、背景や書割などの舞台装置はない。この点は、日本の神楽、中国の京劇、ジャワやバリな

マラヤーラム語
南インドの言語でドラヴィダ語族に属し、テルグ語、カンナダ語、タミル語と同類である。インドの北部のヒンディー語、西部のマラーティー語、東部のベンガル語（インド・ヨーロッパ語族）とは系統を異にするが、サンスクリット語からの借用が多い。

クリシュナ神
民衆に人気がある英雄神で、ヴィシュヌ神の一〇の化身（ダシャ・アヴァターラ）のひとつ。魔物を殺すために下界に下り、ヤーダヴァ族の子どもとして生まれて、少年時から奇蹟を起こした。牧女ラーダーとの恋愛は有名で、叙事詩のギータ・ゴーヴィンダに記され、絵画に描かれ、演劇や人形劇、舞踊で演じられる。

どの古典芸能とも共通し、芸能の上演の場と演技の結合の重要性を表しているともいえる。

小道具としては、舞台の正面に置かれた簡素な椅子があり、ヒマーラヤ山や玉座などを変幻自在にあらわす。演者が登場する前にふたりの男が両端をもって掲げる幕は、空間や時間を区切る効果を発揮する。

その他、神々や王者の威力を示す傘など若干の小道具がある。舞台中央にははじめから終わりまでともし続けられるオイルランプ（椰子油）は重要で、神臨在の下でおこなわれる緊張感をかもしだす。油に浸された木綿の三つの芯は、ヒンドゥー三大神のシヴァ、ヴィシュヌ、ブラフマーを象徴するとされ、灯がともった瞬間から舞台は別の世界へと移行する。舞台上にはココナッツや米、バナナなどの供物が置かれ、神々にささげられている。

3 演者の声

二〇〇七年九月に、トリシュールの南に住んでいる女性演者のウシャー・ナンギャールから話を聞き、クーリヤーッタムの伝承について、ここ数十年の大きな変化を教えてもらった。

彼女は一九六九年生まれで、中部ケーララのコーッタヤム近郊在住のナンビャールの家系に属している。ナンギャール・カーストの社会は母系制で、娘は結婚しても母方の家にとどまり、財産は母から子どもたちへと相続された。母方の祖母の時代から、結婚後は夫方の家に住むようになり、母系制から父系制に移行して大家族は分裂した。

母方の祖母は「踊りはじめの儀礼」であるアランゲーッタムを初潮前一〇歳ごろにおこ

ヴィシュヌ神
ヒンドゥー教の三大神のひとつ。ブラフマーが宇宙を創造し、ヴィシュヌが維持し、シヴァが破壊するとされる。吉祥の女神ラクシュミーを妻とし、大きな鳥のガルダを乗りものとして、魔物を退治する。海上に横たわる大蛇の上で眠る。一〇の化身に変化して活躍するとされ、そのなかにはクリシュナやラーマや仏陀もふくまれる。

カラリパヤットゥ
ケーララ州に伝わる武術で、大地主で戦士階層のナーヤルが道場のカラリを拠点に訓練して発達させてきた。女神のバガヴァティを祀り、麒麟や孔雀、虎や牛などの動きに似せて身体を動かす。アーユル・ヴェーダ医学とも関連する。

ない、その後も寺院での演劇の奉納を続けて、その娘が手伝いに出ていた。コーッタヤム周辺の五～六か所の寺院に七日間ほど奉仕したという。

母のきょうだいの四人の娘のうち、ふたりもアランゲーッタムをやった。一九四〇年代には、ナンギャールの家系の者がアランゲーッタムをすることは義務であったが、一九五〇年代にはおこなわなくなり、芸の伝統はほぼ絶えかかった。ウシャーが三～四歳のとき（一九七二年ごろ）に祖母が亡くなり、ナンギャール・クートゥの伝統は、事実上断絶した。

父は長男で、ミラーヴをたたく演奏者として寺院に奉仕していた。しかし、収入が底をつき、ミラーヴでは生計を立てることができなくなる。多くのナンビャールは自らの仕事を放棄したが、そうなると家族に不幸が訪れ、病気になったり死んだりする人が出た。人びとはこれをデーヴァ・ドーシャム（神の障り）だと考えて、家系のうちだれかひとりは必ず伝統的職能を受け継ぐことにした。

芸の伝承では、ドーシャムの考えかたが人びとを規定する。神との約束ごとである限り、未来永劫にわたって続けなければならない。毎年、同じことを特定のときに特定の場で、決められたとおりの儀礼と演技をくり返す。それによって、世界の安定と秩序が維持される。均衡を乱すドーシャムは避けなければならなかった。

ウシャーは、一〇歳のときに父の友人パインクラム・ラーマ・チャーキャール（一九八〇年没）のところにつれていかれて教えを受け、その後、イリンニャーラクダで週に四日ほど習うことになった。これが演劇の学習のはじまりで、一九八〇年には、寺院で一一日間連続でおこなわれる奉納劇の女役をやり、お目見えのアランゲーッタムとなった。

一九八二年には、アマヌール家の巨匠マーダヴァ・チャーキャールが徒弟制の訓練機関

クータンバラム
クーリヤーッタムを演じるための特別の舞台をもつ建物で、ケーララ州中部の格式の高いヒンドゥー寺院の境内地に多く存在する。かつては、観客は神であり、王族や貴族が上席で見学したとされる。現在も、非ヒンドゥー教徒は出入りや参観を許されていない。

シヴァ
ヒンドゥー教の三大神のひとつ。ヒマーラヤ山中で苦行をしたのち、山の娘のパールヴァティーを妻とした。ドゥルガーやカーリーなど恐ろしい女神も妻とされる。舞踊神のナタラージャ、破壊神のマハーカーラともなる。リンガ（男根）のかたちで広く崇拝され、生殖の源泉で世界の究極の存在と見なされる。

を新しく組織し直したグルクラム（私塾）に入り、一九九七年までナンギャール・クートゥを学んだ。八〇年代に習っていた女性はウシャーと従姉妹のレッティのふたりであったが、レッティは一〇年でやめた。男性は三人いて、ひとりはやめたが、ふたりはその後マルギ（ケーララ州南部ティルアナンタプラムの芸術学校）へ行って続けた。

マーダヴァ・チャーキャールは、一九八二年と八三年はマルギで教えることが多く、そのあいだはマーダヴァの甥《おい》のクッタン・チャーキャールに師事した。一九八四年からまたマーダヴァ・チャーキャールに教わったという。マーダヴァ・チャーキャールは、八〇歳のころはとてもこわかったという。

彼は、生徒には強い者と弱い者がいるのを判断して教える。人によってやる方法が異なる。本人が何をしたいのかを考えて教える。こちらが望めば教えてくれる。生徒になまけようとする気持ちがあれば、教えるほうも同じ気持ちになる。同じ部分を二か月、長いときは四、五か月も続けることがあるが、それでも意に添わず、失望することもあった。小さい訓練を重ね、丹念に準備し、くり返しによって身につけることが根本である。師匠と弟子はひとつ屋根の下にいて寝食をともにして生活しながら教わる方式で、何時にはじまり何時に終わるということはなかった。朝起きてお茶を飲み、気が向くといつのまにかはじまっていた。短時間で終わることもあるし、興がのれば、夜中の一時や一時三〇分までも続く。芸の伝達は自然体であった。

クーリヤーッタムでは、男優とともに集団で演じる機会が多く、レッティとはよくいっしょに出演した。ターラムで拍を打ち、シュローカを唱える役も多かった。いろいろなことを体験できる機会があったのがよかったという。

トリシュール
ケーララ州中部の都市。旧王宮と格式の高いヒンドゥー寺院があり、クーリヤーッタムやカタカリなどの演劇や芸能の催事が多い。四～五月に多くの象が華麗に演出されて練り歩くプーラム祭は有名である。文化や学術の中心で、ヴェーダの伝承学校もある。

コーッタヤム
ケーララ州中部の都市で、コーチンの南に位置する。市内には巨大なティルナッカラ・マハーデヴァ寺院があってシヴァ神を祀る。王族の庇護を受けたヒンドゥー寺院が多数ある。シリア派キリスト教徒やイスラーム教徒も多い。古くから香辛料の集散地として知られる。

イリンニャーラクダ
ケーララ州中部の町で、ト

グル（師匠）には、「はじめの一〇年間は基礎づくり。次の一〇年間は経験から学ぶ。次の一〇年間は舞台上で経験を積め」といわれた。一人前になるには、最低三〇年はかかる。その後の一〇年間は演者として全盛期を迎えるが、四〇年めからは次第に衰えてくるので、引退を考えないといけないという。

トリシュールのワダックナータンはシヴァ神を祀る大寺院で、祭祀期間中のクータンバラムでのナンギャール・クートゥの奉納が一九八〇年から復活して、一九八九年までは老人の女性がつとめていた。一九九〇年からはウシャーが奉仕してナンギャール・クートゥを七日間連続で踊ることになり、それは一九九七年に結婚するまで続いた。以後は、クッタン・チャーキャールの娘のアパルナがつとめている。

寺院での報酬は非常に安く、一九九〇年のときには、チャーキャール、ナンビャール、ナンギャール各一名ずつで総計三五〇ルピーであった（一ルピーは、日本円で約二円）。演ずるときには沐浴して清めた布をヴェンラッラーダ・カーストからもらうので、彼らに五〇から一〇〇ルピーを払う。オイルランプ代、化粧代、食事代、交通費はすべて自弁で、一〇〇ルピーのこればいいほうであった。報酬があまりに安い一九九〇年には、寺院にたのんで七五〇ルピーにしてもらったという（現在は、二〇〇〇〜三〇〇〇ルピー）。

観客は皆無に近く、義務として神に奉仕する演劇としておこなわれていた。日中や特別な祭日にはある程度の観客がくるのだが、演者の背後から見るので、鑑賞はむずかしい。現在でも、クータンバラムでの観客は一〇人以下の熱心な人に限られるという。

舞踊の内容は基本的には変わらないが、所作は微妙に変化するので、できるだけ経験を深めて芸を維持しようとしている。

リシュールの南に位置する。紀元前にさかのぼる聖典ヴェーダを口頭で伝承するバラモンが集住し、寺院つきの職能者アンヴァラワーシィも多い。クーダル・マニッカル寺院は格式が高く、大祭では内部でクーリヤーッタムが数日間演じられる。

アマヌール家
クーリヤーッタムの男優を世襲で演じるチャーキャールの一八の家系のひとつで、技法をよく伝え、最高の演者を輩出している。これらの家系は、寺院への奉仕を職能とし、王族や寺院が経済的部分を保証していたが、戦後の王制廃止と土地制度の改革で滅亡の危機にさらされた。

マーダヴァ・チャーキャール
一九一七—二〇〇八。イリンニャーラクダのアマヌー鑑賞の対象になった現代では、脚を高く上げて腰をふることは女性のふるまいとして好ましくないと注意される。しかし、もともとの観客は神なので、伝統を守って演技するべきであるという。現在は伝統を守るために最小限の努力のみで維持しているだけだと感じている。しかし、最近は観客にも演劇を深く理解したいと願う者が増えて、期待に応えるべく努力している。

ウシャーは一九九七年に、一二歳のときに出会って以来の長いつきあいだったミラーヴ奏者のハリハランと結婚した。しかし、ハリハランは自分より下に位置づけられるナーヤル（ジャーティ）出身なので、結果としてナンビャールから放逐され、ウシャーは寺院での奉納ができなくなった。女性は、同じカーストか、上位カーストの男性としか結婚できない。カーストの枠組みは依然として堅持されている。

4　無形文化遺産の登録と文化の変容

ユネスコが二〇〇一年に「人類の口承及び無形遺産の傑作の宣言」としてクーリヤーッタムを登録し（二〇〇八年以降は「無形文化遺産」に統合）、無形文化遺産の保護に乗りだして以降、ナンギャール・クートゥの演じ手は増えてきたという。しかし、現在の担い手のなかではナンビャールはわずかで、大半がカラーマンダラムやマルギなどの養成機関で習った人びとである。二〇〇七年に、特別の催事として、アンバラーップラのクリシュナ寺院の外陣で、神の誕生日にあわせて一〇日間にわたってナンギャール・クートゥがイベントとして奉納されたが、演者のうち、ほんとうのナンギャールは、サロージニ・ナンギラ

ル家に生まれ、各地の師匠からクーリヤーッタムの技法を学んだ。家元的存在で「最後の巨匠」とよばれ、養成機関をもうけて若手の育成につとめた。インド政府より、一九八二年にパドマシュリー、二〇〇二年にパドマブーシャンを受けた。日本の文化勲章や人間国宝に相当する。

ンマ、タンガム・ナンギランマ、そしてウシャーとアパルナの四人であった。格式ある寺院で奉納する場合は、いまでも正式なナンギャールにしか演技の許可があたえられない。儀礼としての演劇という性格は、根強くのこっているのである。

クーリヤーッタムの再興にあたっては、ゴーパール・ヴェーヌの存在が大きい。もともとはカタカリの演者であったが、クーリヤーッタムと出会い、その魅力にとりつかれて、マーダヴァ・チャーキャールに師事した。一九七五年に、イリンニャーラクダにナタナ・カイラーリ（伝統芸術研究研修センター）を創設し、ここを拠点として、カーストにとらわれずに多くの人びとがクーリヤーッタムを演じられる場を提供した。ワークショップを開催し、本や映像もつくるなど、啓蒙活動を展開している。その結果、舞台芸として観客の前で演じる公演の機会が増え、世界各国での評価が高まり、新作もつくられるようになった。「創られた伝統」の意図的な実践である。

G・ヴェーヌは、人びとを援助し、成長させ、発展させたが、いい面も悪い面もある。「クーリヤーッタムの維持・継承は大事だが、商業演劇になってほしくない」と、ウシャーはいう。チャーキャールとナンギャールの伝統こそが「ほんとうのもの」であるという自負がうかがえる。

ウシャーは、一九九七年にシュリー・シャンカラ大学の演劇学部に職をえて、サンスクリット語や演劇を教えている。修士課程には四人の学生がおり、学部は、一年生は六人、二年生は五人だという。クーリヤーッタムが主専攻ではないとしても、インドではじめて大学内で正式に教えることになった特色のある講座である。

ただし、従来の徒弟制度が次第に近代教育にとって代わられ、精神性が希薄化して技法

ゴーパール・ヴェーヌ
一九四五―。幼少よりカタカリを学び、一四歳で初舞台をふむ。一九七〇年代にマーダヴァ・チャーキャールに出会ってクーリヤーッタムの保存と継承を決意する。一九七五年に研修所のナタナ・カイラーリを設立し、一九七九年から海外公演をおこなって、世界二〇か国以上に紹介した。二〇〇七年に、保存・普及の功績で日経アジア賞を受賞した。

「創られた伝統」
イギリスの史家ホブズボウムが一九八三年に編著として出版した *The Invention of Tradition*（『創られた伝統』）は、その後の歴史学や文化人類学に甚大な影響をおよぼした。遠いむかし

のみに特化していくことには、危機感をもっているようだ。二〇〇四年には自宅に「クリシュナン・ナンビャール・ミラーヴ・カラリ」という壺太鼓の教育を中心とした道場（カラリ）をつくり、クーリヤーッタムやミラーヴを無料で教える事業をはじめた。生徒のなかには、アランゲーッタムを受けて一人前になる者もあらわれた。ただし、おこなう場所は寺院ではなく道場である。

調査にも熱心に取り組み、ミラーヴの原型かと思われる粘土製の壺太鼓について、ケーララ各地を訪ね歩いて記録し、報告するなど、研究機関としての性格ももちはじめている。素焼きの壺太鼓の分布は、北ケーララ（マラバール地方）にも広がっているという。

クーリヤーッタムはサンスクリット文化の影響が強いものの、壺太鼓は山地に住む部族が使用しており、衣裳や化粧法にはテイヤムという土着の神霊への儀礼と類似する要素があることもわかってきた。自らの芸の源流を探り、現地の伝承を掘り起こし、ほかの祭祀芸能と比較して相対化を図り、伝承を再認識する動きである。

クーリヤーッタムは、近年になってカーストの枠から離脱し、独自の芸術活動として展開してきた。そこには、伝承の継承に介入して価値づけをおこなう外部者のはたらきかけがある。その結果、「あたりまえ」に維持されてきたものが「文化」として意識されるようになり、資源として活用され、「主張する文化」として展開していく。「文化」の概念は、伝承の維持にとっては重要であるが、政治経済と連動して、演劇や芸能の内容を変質させていく。「文化」の概念そのものが伝承を変えていく動きが、現代社会の大きな特徴なのである。

から受け継がれてきたとされる、いわゆる〝伝統〟の多くが、近代になって創られたことを、実証的に明らかにしたのである。『創られた伝統』エリック・ホブズボウム、テレンス・レンジャー編、前川啓治、梶原景昭ほか訳、紀伊國屋書店、一九九二年

鈴木正崇（すずき・まさたか）

一九七一年にユーラシアを放浪した。中古車でミュンヘンを出発し、トルコ、イラン、アフガニスタン、パキスタン、インド、ネパール、タイへ。この体験が人生を変えた。海外の調査は一九八〇年のスリランカが最初で、南インドも同時期に開始し、中国は一九八一年に海南島と雲南、貴州省では一九八三年以来、ミャオ族が中心である。インドネシアのバリには一九九〇年以降通い続けている。日本各地では一九七四年の沖縄を皮切りに、祭祀や芸能、修験道や山岳信仰の研究をおこなってきた。

＊　＊　＊

■わたしの研究に衝撃をあたえた一冊『遠野物語』

柳田國男の『遠野物語』は、聞き書きという方法をとおして「世間という大きな書物を読む」おもしろさを知らせてくれた。本の知識だけでなく、現地での体験や実感が大事だと思う。フィールドではさまざまなものの見方や考えかたを知るとともに、他者理解のむずかしさを痛感させられる。アジア各地での異文化研究と日本研究のふたつを併存させて、自己と他者を知る挑戦を続けている。他者理解は文化人類学や民俗学の根源で、終わりのない旅のようである。

柳田国男著
角川ソフィア文庫
二〇〇四年（聚精堂、一九一〇年）

あとがき

赤坂憲雄

フィールドワークに根ざした知や学問は、驚くほどに多様である。その対象とするものが暮らし・景観・遺跡など、じつに多様であることを思えば、当然なことではある。そのなかでも、民俗学者たちのフィールドはもっとも人間臭いものだといっていい。民俗学的なフィールドワークは例外なしに、聞き書きという調査手法によって支えられている。むろん、聞き書きの相手は村や町に暮らす、ふつうの生活者たちであり、その生身の声に耳を傾けるのである。人間臭いに決まっている。

だからであろうか、民俗学者のなかにはときに、調査という言葉を使うことをいやがる傾向が見いだされる。ほかの学問領域ではあまり見られないことかもしれない。民俗学に固有ともいえそうな、この生身の人間を調査や分析の対象にすることへの忌避感は、おそらく民俗学の学問としての成り立ちやアイデンティティに深く関わるものであるが、それが問われることは滅多にない。

村に入って、古老を訪ねて、話を聞くことから、民俗学という知の営みは始まる。いや、それに尽きるといってもいい。古老というのは、村に生まれ育った生活者のなかでも、とりわけ優れた記憶を持ち伝える者を指している。かれらのなかに豊かに蓄えられた暮らしの知恵や技こそが、聞き書きの対象となる。世代を越えて受け継がれてきた「伝承知」に、言葉をあたえるために、民俗学者たちは精魂傾ける。その多くは、たやすくは一般化を許さない、無意識のレヴェルで伝承されている知恵や技である。それはしかも、地域ごとに、村ごとに、家ごとに、いや伝承者ごとに小さな差異を含んでいるために、さらに一般化がむずかしい。

この巻には、そうした民俗学に携わるフィードワーカーたちによる、まさに現場からの報告が集められている。それぞれに、長年の経験によって培われたフィールドワークの技法が開示されているが、たぶん民俗学者たちのほとんどは、自分以外の民俗学者がどのようにフィールドに入り、どのように聞き書きをおこない、ノートに書き留めているか、といったことを深くは知らない。あらゆるフィールドワークの技法には、教科書的に記述することが可能な部分と、それが困難な、個人の芸のような部分とが混在しているにちがいない。民俗学はとりわけ、この個人的な芸の部分が大きいのではないかと感じる。

それにしても、民俗学者たちは例外なしに、時代の移りゆきとともにみずからのフィールドが狭まり、失われてゆくことにたいして、ある根源的な不安をかかえているにちがいない。近代化によって失われてゆく、人と暮らしの風景に向けてのノスタルジーが、民俗学という近代の知を産み落としたことを否定するのはむずかしい。いわばフィールドの喪失こそが、民俗学の誕生の背景であり、存在理由の一端をなすという逆説から、民俗学は無縁ではありえない、ということだ。だからこそ、民俗という知の現場においては、フィールドとは何か、という問いが深刻な意味合いを帯びるのである。村も古老も失われたフィールドから、いかなる知恵や技を汲みあげることができるのか、と。

■編者紹介

野本寛一（のもと・かんいち）

ひたすら歩き、景物に眼を凝らし、人びとの語りに耳を傾けてきた。そこには発見があり、感動がある。それが次の行動を呼ぶ。やがて仮説が生まれ、実証につながる。病は膏肓に入り、白髪の爺になっても果てるところを知らない。心惹かれ続けている主題は「人と自然環境との深く多様なかかわり」「民俗事象の連鎖」「生業複合」などである。

■わたしの研究に衝撃をあたえた一冊『まつり　考古学から探る日本古代の祭』

神道考古学の入門書ともいうべきこの書物は、わたしを全国各地の峠へ、信仰の山へ、そして神の坐す島々へと強く誘引してくれた。どんなに遠くとも、どんなに嶮しくとも現場に立たなければならないというフィールドワークの原点を叩きこんでくれた。後に、関心は人びとの生業と自然環境の関係に傾斜してゆくのであるが、この書物の力は心中に底流、「信仰環境論」の構想を促し、環境民俗学をふくらみのあるものへと導いてくれた。

大場磐雄著
学生社
一九六七年（新装版、一九九六年）

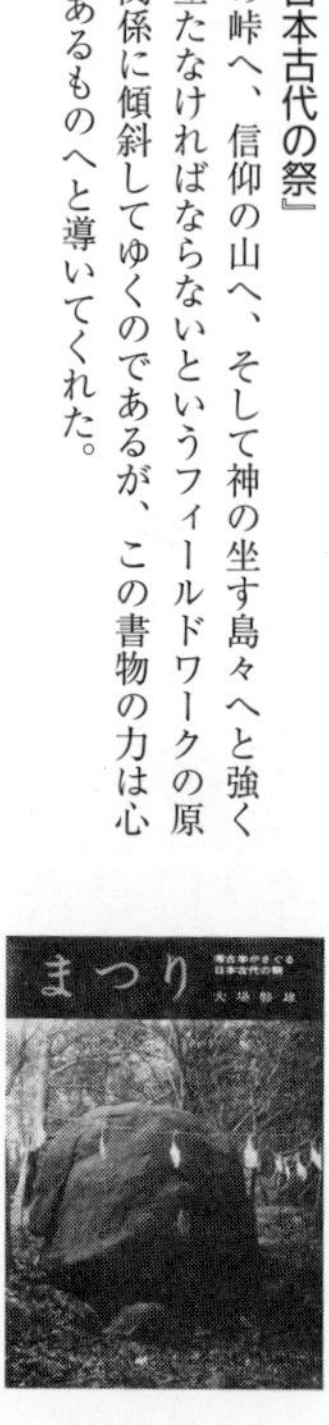

＊　＊

赤坂憲雄（あかさか・のりお）

わたしはとても中途半端なフィールドワーカーだ。そもそも、どこで訓練を受けたわけでもない。学生のころから、小さな旅はくりかえしていたが、調査といったものとは無縁であった。三十代のなかば、柳田国男論の連載のために、柳田にゆかりの深い土地を訪ねる旅をはじめた。それから数年後に、東京から東北へと拠点を移し、聞き書きのための野辺歩きへと踏み出すことになった。おじいちゃん・おばあちゃんの人生を分けてもらう旅であったか、と思う。

■わたしの研究に衝撃をあたえた一冊『忘れられた日本人』

一冊だけあげるのは不可能だが、無理にであれば、宮本常一の『忘れられた日本人』だろうか。宮本の〈あるく・みる・きく〉ための旅は独特なもので、真似などできるはずもなく、ただ憧れとコンプレックスをいだくばかりだった。民俗学のフィールドは、いわば消滅とひきかえに発見されたようなものであり、民俗の研究者たちはどこかで、みずからが生まれてくるのが遅かったことを呪わしく感じている。民俗学はつねに黄昏を生きてきたのかもしれない。

宮本常一著
岩波文庫
一九八四年（未來社、一九六〇年）

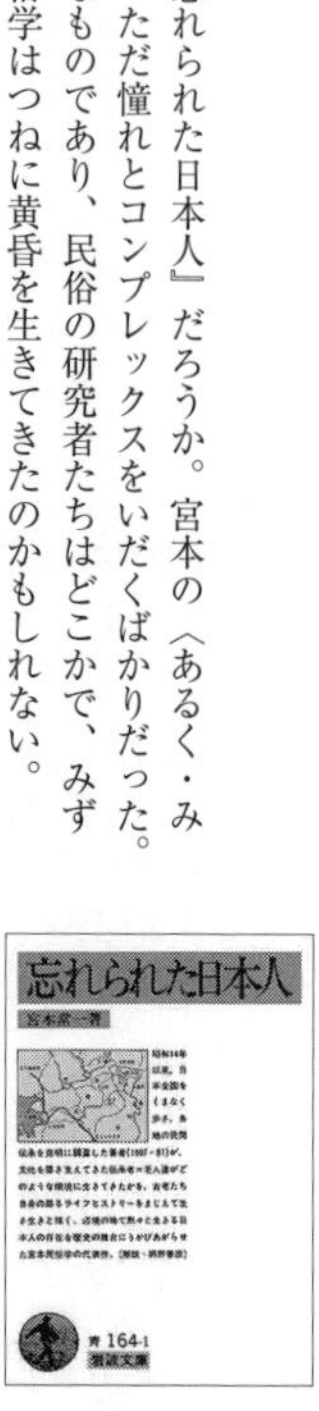

フィールド科学《かがく》の入口《いりぐち》

暮《く》らしの伝承知《でんしょうち》を探《さぐ》る

2013年10月25日　初版第1刷発行

編　者———野本寛一　赤坂憲雄

発行者———小原芳明

発行所———玉川大学出版部

〒194-8610　東京都町田市玉川学園6-1-1
TEL 042-739-8935　FAX 042-739-8940
http://www.tamagawa.jp/up/
振替：00180-7-26665
編集　森　貴志

印刷・製本——モリモト印刷株式会社

乱丁・落丁本はお取り替えいたします。

ISBN978-4-472-18200-6　C0039 / NDC380

装画：菅沼満子
装丁：オーノリュウスケ（Factory701）
編集・制作：本作り空Sola

フィールド科学の入口

赤坂憲雄ほか編　全10巻

フィールドから見える「知の新しい地平」とは？
フィールドワークから生き生きとした科学の姿を伝える

イネの歴史を探る

佐藤洋一郎・赤坂憲雄 編

【Ⅰ部 対談】
佐藤洋一郎・赤坂憲雄「野生イネとの邂逅」
【Ⅱ部】
石川隆二「国境を越えて　イネをめぐるフィールド研究」
佐藤雅志「栽培イネと稲作文化」
【Ⅲ部】
宇田津徹朗「イネの細胞の化石（プラント・オパール）から水田稲作の歴史を探る」
山口　聰「『中尾』流フィールドワーク虎の巻」
ドリアン・Q・フラー「植物考古学からみた栽培イネの起源」
田中克典「イネ種子の形状とDNAの分析　その取り組みと問題点」

自然景観の成り立ちを探る

小泉武栄・赤坂憲雄 編

【Ⅰ部 対談】
小泉武栄・赤坂憲雄「『ジオエコロジー』の目で見る」
【Ⅱ部】
岩田修二「中国、天山山脈ウルプト氷河での氷河地形調査」
平川一臣「津波堆積物を、歩いて、観て、考える」
【Ⅲ部】
清水善和「小笠原の外来種をめぐる取り組み」
松田磐余「地震時の揺れやすさを解析する」
山室真澄「自然はわたしの実験室　宍道湖淡水化と『ヤマトシジミ』」
清水長正「風穴をさぐる」
菅　浩伸「サンゴ礁景観の成り立ちを探る」

フィールド科学の入口

遺跡・遺物の語りを探る

小林達雄・赤坂憲雄 編

【Ⅰ部 対談】
小林達雄・赤坂憲雄「『人間学』としての再編」

【Ⅱ部】
大工原豊「縄文ランドスケープ」
中村耕作「釣手土器を追う」

【Ⅲ部】
佐藤雅一「大地に潜む遺跡を探し出す」
七田忠昭「吉野ヶ里遺跡を探る」
大竹幸恵「黒曜石」
葛西　勵「環状列石（ストーン・サークル）を求めて」
新東晃一「火山爆発と人類の対応」

〈続刊予定＝仮題〉
●海の底深くを探る　●人間の営みを探る
●暮らしのあり方を探る　●生命のふしぎを探る
●食の深淵を探る　●社会の成り立ちを探る

〈本シリーズの特色〉
●実際に現地を訪れ、対象を直接観察（聞きとりなどをふくむ）し、史料・資料を採取する客観的調査方法である「フィールドワーク」。民俗学、農学、自然地理学、考古学、生物学、文化人類学など、「フィールド科学」諸学問とその方法をあきらかにする。
●学問の専門化・細分化が進むなか、各領域が有機的なつながりをもっていることを伝える。科学は単独で成立するものではなく、相関しあっていることを示す。
●各領域の調査・研究のトピックが満載。人間の足跡や自然の足跡を探るフィールドワークのおもしろさを伝え、読者の知的好奇心・行動を呼び起こす。
●写真や図版、脚注を多く掲載し、わかりやすい内容。各執筆者による「わたしの研究に衝撃をあたえた一冊」なども紹介。フィールドワーカーの「姿」をとおして、研究内容への興味・関心を深める。

Ａ５判・並製　各約２４０頁　本体 各２４００円